星ひとみの天星術 2024

太陽グループ

深夜

MIDNIGHT

Star Eyes

HITOMI HOSHI

Happy Message

生まれながらに素敵な波動をもつ
“深夜”のエネルギー

周囲と歩幅を合わせることが難しく
息苦しさを感じてしまうときがある

言葉ではうまく伝えられず
誤解されてしまうこともある

自分では気がつきにくいけど
独自の世界観とオーラがあり
沢山の可能性を秘めています

愛を求めて
自由を探して

ときに
人生がわからなくなり
生きる意味を見失っても

悩むことで生かされて
考えることで未来を描く

自分なんてと思わずに
自分の可能性を信じてみる

何をやっていいのかわからないときは
自分が大好きなものを見つけてみて

悪いことばかりに引っ張られたのなら
夜空を見上げて星を探せばいい

どんなに暗く辛い夜だって
あなたを
月の明かりが照らしてくれるように

あなたが星を見上げれば
暗い夜空だからこそ
あなたに星が輝いていく

小さな宇宙を作るか
果てしなく広がる宇宙を作るか

あなたの心を
喜びと笑いで満たすように

もう一度、一緒にスタートを

今日も“大丈夫”

PROLOGUE

★ はじめに ★

皆様こんにちは、星ひとみです。

『星ひとみの天星術2024』を手にしていただき
またお会いできたことをうれしく思います。

この時代に皆様と出会い
天星術を通じ、つながることができた今に
心から感謝いたします。

この1年があっという間に過ぎたように感じた方も
逆に長かったなと感じた方もいるでしょう。

人生を満喫するために、生きるために。

笑ったり、怒ったり
挑戦したり、悩んだり。

なぜ自分だけがこのような目に遭うのかと
ときに苦しみ、前に進めなかった人も——。

心、生き方、歩む道のり。
人生に決めつけはなく
災いは回避し
苦しみは手放すことができる——。
私はそう信じています。
そして
あなたを照らす“光”はちゃんとある。

昨年に続き今年も、少しでも皆様の支えとなれるように
長い時間をかけて仕上げさせていただきました。

私のオリジナル鑑定法の「天星術」にも
生命の“光”が宿り
毎年少しずつ、ゆっくりと成長し、時代に合わせ、
私たちと一緒に動いています。

自分はダメだと決めつける必要はなく、
“影”や“リセット”の月でも、怖がる必要はありません。

自分の運命、
自分のリズム。

そして“光と影”。

あなたの今がどんな流れ《リズム》なのかを読みとり
一緒に進んでいきましょう。
私たちは生まれた瞬間に、星と光のエネルギーを受けて
それぞれの流れ《リズム》を授かります。

エネルギーは、月、地球、太陽の3つの天室に分かれ
「天星術」では、1つの天室を、さらに4つの天星に分けて見ています。

月グループは、満月、上弦の月、下弦の月、新月。
地球グループは、空、山脈、大陸、海。
太陽グループは、朝日、真昼、夕焼け、深夜。

PROLOGUE

天星には、それぞれナンバーがあり、あなたの星を知ることができます。
また、あなたの生まれた年で、運気が「赤」と「白」に分かれ、
2024年は、さらに深く運気を知ることができます。

中身を少し具体的に紹介しますと、
まずは、あなたの性格についての最新版トリセツ。
開運キーワード、12天星別の相性をお伝えするページから始まります。

次に、1年間という大きな視点で捉えた、2024年の運気や、
グラフで示した運気バイオリズム、
月ごとの開運メッセージと開運行動、天星ナンバー別の「赤」と「白」に分かれたお言葉、
さらに運気を、1日1日という点で捉えた毎日のメッセージがあります。

特に、全部で12ある天星をさらに細かく見て、
今年、今月のあなたがどんなリズムをもっているのか、
皆様の天星ナンバーの「赤」と「白」別に占っておりますので、
【2024年 天星ナンバー別の運気】【天星ナンバー別 今月のお言葉】に、
注目してみてください。

このように、あらゆる角度から運気を読むことで、
「今がどんな時期か――光なのか影なのか」「どんなことをすると幸せを感じられるか」
また「どんなことに気をつけたら不運を回避できるか」を分析することができます。

どこを読んでも、人生の“今”のヒントとなる言葉に出会えますように。

後半ページでは、「他の天星のプロフィール」も載せています。
自分を知り、相手を理解できたとき、素晴らしい関係となれるように
家族、お友達、仕事仲間、そして気になる人との付き合い方の参考にしてください。
まずは難しく考えず、肩の力を抜いてみましょう。

誰もが幸せになるチャンスがあります。
決して諦めなくていい。

あなたが幸せになるための
“キッカケ”となれたなら幸いです。

12天星別『星ひとみの天星術2024』
今日からあなたのお守りに。

皆様の1年が幸運の光につつまれますように。

自分を知り
今のリズムを知る
あなたの心に光を

天のエネルギー
星のエネルギーを“贈り”ます。

“あなたは大丈夫”

星ひとみ

CONTENTS

ASTROLOGY

天星術について

★ ★ ★

「天星術」は、中国に古くから伝わる東洋占星術をベースに、
さまざまな統計学や人間科学、心理的要素などを取り入れて作り上げた、
星ひとみによるオリジナル鑑定方法です。
時代とともに変化する“今”に合わせ、
進化させるべく研究を続けてきました。
生まれた日のエネルギーが、
月、地球、太陽のどのエネルギーの影響を受けているのか。
みなさんのエネルギーは、3つの天室に分かれ、
さらに4つの時星に導かれ、12の天星タイプとなっていきます。
「天星術」で読み解いていくことで、
過去にどんなことがあったのか、現在はどんな状況か、
そして未来がどうなっていくのかがわかります。
ただし大切なのは、**「天星術」は決して決めつけではない占術**である、ということ。
道がないことがわかれば、創ればいい。
壁にぶつかってしまうとわかれば、回避すればいい。
また、「天星術」は光と影、そのどちらも内包するもの。
光として出たのか、影として出たのか、
それを読みとれれば、自ら変えていくことができます。
失敗と感じても、
それは**未来に訪れる成功のために必要な失敗だった**、ということも。

未来をよりよくするために、占いをどう捉えて、どう動くのか。
あなたの心のもち方によって好転させることができる、
それが「天星術」です。

・天星術・
GROUP

月グループ

- 満月
- 上弦の月
- 下弦の月
- 新月

地球グループ

- 空
- 山脈
- 大陸
- 海

太陽グループ

- 朝日
- 真昼
- 夕焼け
- 深夜

HOW TO

あなたの天星の見つけかた

★ ★ ★

1

P.015から始まる **生年月表** を見て、
あなたの生まれた年と月が交わる数字を
探してください。

↓

2

その数字に、生まれた日の数字を足してください。
その数字があなたの **天星ナンバー** です。

※合計した数字が61以上になる場合は、その数字から60を引いたものが
天星ナンバーになります。

↓

3

P.014の **天星ナンバー対応表** を参照して、
天星を見つけてください。

↓

4

生まれ年（西暦）の下ひとけたが
偶数か奇数かを見て、赤か白かを確認します。

例 **1995年4月20日生まれの場合**

［生年月表］で1995年と4月が交わる数字は「58」。
「58」に生まれた日の「20」を足して「78」。
61以上になるので、60を引くと「18」。
［天星ナンバー対応表］を参照すると、「18」の天星は「夕焼け」。
生まれ年（西暦）の下ひとけたが奇数なので、「白」。

こちらでも！

CHECK!

あなたの天星は？

★★★

…… LINK **1**

生まれた年 ＿＿＿＿＿ 年と

生まれた月 ＿＿＿＿＿ 月が

生年月表 で交わる数字 ◯

…… LINK **2**

❶で出した数字 ＋ 生まれた日の数字 ＝ **天星ナンバー**

61以上の場合は、60を引いて

…… LINK **3**

天星ナンバー対応表 によると

あなたの天星は ＿＿＿ の ☆

例えば 「夕焼け」 の 「18」

…… LINK **4**

生まれ年の下ひとけたが

偶数 …→ 赤

奇数 …→ 白

あなたは ＿＿＿ の ☆ の ⬡ です。

例えば 「夕焼け」 の 「18」 の 「白」

★ 天星ナンバー対応表 ★

天星ナンバーも覚えておこう!

月グループ MOON	満月	4 10 33 39 45
	上弦の月	11 17 32 38
	下弦の月	2 3 8 41 47
	新月	14 20 23 26 29 36
地球グループ EARTH	空	6 43 49 54 55 60
	山脈	9 15 16 34 40 46
	大陸	1 5 50 53 56 59
	海	51 52 57 58
太陽グループ SUN	朝日	21 22 27 28
	真昼	7 42 44 48
	夕焼け	12 18 31 37
	深夜	13 19 24 25 30 35

★ 生年月表 ★

生まれ年	和暦	干支	1月	2月	3月	4月	5月	6月	7月	8月	9月	10月	11月	12月
1920	T9	申	54	25	54	25	55	26	56	27	58	28	59	29
1921	T10	酉	0	31	59	30	0	31	1	32	3	33	4	34
1922	T11	戌	5	36	4	35	5	36	6	37	8	38	9	39
1923	T12	亥	10	41	9	40	10	41	11	42	13	43	14	44
1924	T13	子	15	46	15	46	16	47	17	48	19	49	20	50
1925	T14	丑	21	52	20	51	21	52	22	53	24	54	25	55
1926	T15/S1	寅	26	57	25	56	26	57	27	58	29	59	30	0
1927	S2	卯	31	2	30	1	31	2	32	3	34	4	35	5

★ 生年月表 ★

生まれ年	和暦	干支	1月	2月	3月	4月	5月	6月	7月	8月	9月	10月	11月	12月
1928	S3	辰	36	7	36	7	37	8	38	9	40	10	41	11
1929	S4	巳	42	13	41	12	42	13	43	14	45	15	46	16
1930	S5	午	47	18	46	17	47	18	48	19	50	20	51	21
1931	S6	未	52	23	51	22	52	23	53	24	55	25	56	26
1932	S7	申	57	28	57	28	58	29	59	30	1	31	2	32
1933	S8	酉	3	34	2	33	3	34	4	35	6	36	7	37
1934	S9	戌	8	39	7	38	8	39	9	40	11	41	12	42
1935	S10	亥	13	44	12	43	13	44	14	45	16	46	17	47
1936	S11	子	18	49	18	49	19	50	20	51	22	52	23	53
1937	S12	丑	24	55	23	54	24	55	25	56	27	57	28	58

★ 生年月表 ★

生まれ年	和暦	干支	1月	2月	3月	4月	5月	6月	7月	8月	9月	10月	11月	12月
1938	S13	寅	29	0	28	59	29	0	30	1	32	2	33	3
1939	S14	卯	34	5	33	4	34	5	35	6	37	7	38	8
1940	S15	辰	39	10	39	10	40	11	41	12	43	13	44	14
1941	S16	巳	45	16	44	15	45	16	46	17	48	18	49	19
1942	S17	午	50	21	49	20	50	21	51	22	53	23	54	24
1943	S18	未	55	26	54	25	55	26	56	27	58	28	59	29
1944	S19	申	0	31	0	31	1	32	2	33	4	34	5	35
1945	S20	酉	6	37	5	36	6	37	7	38	9	39	10	40
1946	S21	戌	11	42	10	41	11	42	12	43	14	44	15	45
1947	S22	亥	16	47	15	46	16	47	17	48	19	49	20	50

★ 生年月表 ★

生まれ年	和暦	干支	1月	2月	3月	4月	5月	6月	7月	8月	9月	10月	11月	12月
1948	S23	子	21	52	21	52	22	53	23	54	25	55	26	56
1949	S24	丑	27	58	26	57	27	58	28	59	30	0	31	1
1950	S25	寅	32	3	31	2	32	3	33	4	35	5	36	6
1951	S26	卯	37	8	36	7	37	8	38	9	40	10	41	11
1952	S27	辰	42	13	42	13	43	14	44	15	46	16	47	17
1953	S28	巳	48	19	47	18	48	19	49	20	51	21	52	22
1954	S29	午	53	24	52	23	53	24	54	25	56	26	57	27
1955	S30	未	58	29	57	28	58	29	59	30	1	31	2	32
1956	S31	申	3	34	3	34	4	35	5	36	7	37	8	38
1957	S32	酉	9	40	8	39	9	40	10	41	12	42	13	43

★ 生年月表 ★

生まれ年	和暦	干支	1月	2月	3月	4月	5月	6月	7月	8月	9月	10月	11月	12月
1958	S33	戌	14	45	13	44	14	45	15	46	17	47	18	48
1959	S34	亥	19	50	18	49	19	50	20	51	22	52	23	53
1960	S35	子	24	55	24	55	25	56	26	57	28	58	29	59
1961	S36	丑	30	1	29	0	30	1	31	2	33	3	34	4
1962	S37	寅	35	6	34	5	35	6	36	7	38	8	39	9
1963	S38	卯	40	11	39	10	40	11	41	12	43	13	44	14
1964	S39	辰	45	16	45	16	46	17	47	18	49	19	50	20
1965	S40	巳	51	22	50	21	51	22	52	23	54	24	55	25
1966	S41	午	56	27	55	26	56	27	57	28	59	29	0	30
1967	S42	未	1	32	0	31	1	32	2	33	4	34	5	35

★ 生年月表 ★

生まれ年	和暦	干支	1月	2月	3月	4月	5月	6月	7月	8月	9月	10月	11月	12月
1968	S43	申	6	37	6	37	7	38	8	39	10	40	11	41
1969	S44	酉	12	43	11	42	12	43	13	44	15	45	16	46
1970	S45	戌	17	48	16	47	17	48	18	49	20	50	21	51
1971	S46	亥	22	53	21	52	22	53	23	54	25	55	26	56
1972	S47	子	27	58	27	58	28	59	29	0	31	1	32	2
1973	S48	丑	33	4	32	3	33	4	34	5	36	6	37	7
1974	S49	寅	38	9	37	8	38	9	39	10	41	11	42	12
1975	S50	卯	43	14	42	13	43	14	44	15	46	16	47	17
1976	S51	辰	48	19	48	19	49	20	50	21	52	22	53	23
1977	S52	巳	54	25	53	24	54	25	55	26	57	27	58	28

★ 生年月表 ★

生まれ年	和暦	干支	1月	2月	3月	4月	5月	6月	7月	8月	9月	10月	11月	12月
1978	S53	午	59	30	58	29	59	30	0	31	2	32	3	33
1979	S54	未	4	35	3	34	4	35	5	36	7	37	8	38
1980	S55	申	9	40	9	40	10	41	11	42	13	43	14	44
1981	S56	酉	15	46	14	45	15	46	16	47	18	48	19	49
1982	S57	戌	20	51	19	50	20	51	21	52	23	53	24	54
1983	S58	亥	25	56	24	55	25	56	26	57	28	58	29	59
1984	S59	子	30	1	30	1	31	2	32	3	34	4	35	5
1985	S60	丑	36	7	35	6	36	7	37	8	39	9	40	10
1986	S61	寅	41	12	40	11	41	12	42	13	44	14	45	15
1987	S62	卯	46	17	45	16	46	17	47	18	49	19	50	20

★ 生年月表 ★

生まれ年	和暦	干支	1月	2月	3月	4月	5月	6月	7月	8月	9月	10月	11月	12月
1988	S63	辰	51	22	51	22	52	23	53	24	55	25	56	26
1989	S64 /H1	巳	57	28	56	27	57	28	58	29	0	30	1	31
1990	H2	午	2	33	1	32	2	33	3	34	5	35	6	36
1991	H3	未	7	38	6	37	7	38	8	39	10	40	11	41
1992	H4	申	12	43	12	43	13	44	14	45	16	46	17	47
1993	H5	酉	18	49	17	48	18	49	19	50	21	51	22	52
1994	H6	戌	23	54	22	53	23	54	24	55	26	56	27	57
1995	H7	亥	28	59	27	58	28	59	29	0	31	1	32	2
1996	H8	子	33	4	33	4	34	5	35	6	37	7	38	8
1997	H9	丑	39	10	38	9	39	10	40	11	42	12	43	13

★ 生年月表 ★

生まれ年	和暦	干支	1月	2月	3月	4月	5月	6月	7月	8月	9月	10月	11月	12月
1998	H10	寅	44	15	43	14	44	15	45	16	47	17	48	18
1999	H11	卯	49	20	48	19	49	20	50	21	52	22	53	23
2000	H12	辰	54	25	54	25	55	26	56	27	58	28	59	29
2001	H13	巳	0	31	59	30	0	31	1	32	3	33	4	34
2002	H14	午	5	36	4	35	5	36	6	37	8	38	9	39
2003	H15	未	10	41	9	40	10	41	11	42	13	43	14	44
2004	H16	申	15	46	15	46	16	47	17	48	19	49	20	50
2005	H17	酉	21	52	20	51	21	52	22	53	24	54	25	55
2006	H18	戌	26	57	25	56	26	57	27	58	29	59	30	0
2007	H19	亥	31	2	30	1	31	2	32	3	34	4	35	5

★ 生年月表 ★

生まれ年	和暦	干支	1月	2月	3月	4月	5月	6月	7月	8月	9月	10月	11月	12月
2008	H20	子	36	7	36	7	37	8	38	9	40	10	41	11
2009	H21	丑	42	13	41	12	42	13	43	14	45	15	46	16
2010	H22	寅	47	18	46	17	47	18	48	19	50	20	51	21
2011	H23	卯	52	23	51	22	52	23	53	24	55	25	56	26
2012	H24	辰	57	28	57	28	58	29	59	30	1	31	2	32
2013	H25	巳	3	34	2	33	3	34	4	35	6	36	7	37
2014	H26	午	8	39	7	38	8	39	9	40	11	41	12	42
2015	H27	未	13	44	12	43	13	44	14	45	16	46	17	47
2016	H28	申	18	49	18	49	19	50	20	51	22	52	23	53
2017	H29	酉	24	55	23	54	24	55	25	56	27	57	28	58

★ 生年月表 ★

生まれ年	和暦	干支	1月	2月	3月	4月	5月	6月	7月	8月	9月	10月	11月	12月
2018	H30	戌	29	0	28	59	29	0	30	1	32	2	33	3
2019	H31/R1	亥	34	5	33	4	34	5	35	6	37	7	38	8
2020	R2	子	39	10	39	10	40	11	41	12	43	13	44	14
2021	R3	丑	45	16	44	15	45	16	46	17	48	18	49	19
2022	R4	寅	50	21	49	20	50	21	51	22	53	23	54	24
2023	R5	卯	55	26	54	25	55	26	56	27	58	28	59	29
2024	R6	辰	0	31	0	31	1	32	2	33	4	34	5	35

MIDNIGHT

深夜プロフィール

あなたの性格に迫るとともに、
2024年の運気や開運色、
相性などもお伝えします。

Midnight Profile

LIGHT

- □ 個性的で、独自のセンスと魅力あり
- □ ミステリアスな雰囲気を醸し出す
- □ 独自の正義感をもつ
- □ 好きなことにはとことん熱中

決断する月、努力が報われる月、吉凶混ざり引きが強い月にこの傾向が表れます

深夜の光と影

各天星タイプには、もともともっている性質があります。普段、表に出ているのが「光」の性質です。ただ、運気バイオリズムが崩れると「影」の性質が出てきます。

- □ 束縛されたり自由を奪われるとペースダウン
- □ マイルールを曲げない
- □ 自分の世界をもち、実は人が面倒くさい
- □ 言葉足らずで誤解を生むことも

運気が低迷する月、八方塞がりになりやすい月、リセットの月にこの傾向が表れます

運気バイオリズム（P.034）が☀（光）と☁（影）のときに、上記のような性質がそれぞれ出てきます。

深夜

束縛を嫌う個性豊かな変わり者

基本性格

独特の感性や個性をもち、不思議な雰囲気をまとっています。自分のペースや世界を大切にし、我が道を進むタイプで、本当に好きなことは納得いくまでレベルを上げる頑張り屋。意地っ張りな面もあり、なかなか本心を伝えることができませんが、理解してくれる相手には深い愛情を注ぎます。

深夜のトリセツ

⬆好きなこと・喜ぶこと

- 自分だけの時間と空間
- パワースポット巡りの旅
- 楽しい毎日を送ること
- 本能に従って生きること
- うまく立ててもらうこと
- 休息をとること

⬇嫌がること・ストレスになること

- 根掘り葉掘り聞かれること
- 無駄なこと
- 状況を説明すること
- 偉そうな態度や人
- 束縛されること
- やりたいことを阻まれる

2024年の開運のカギ

やるといいこと	やりたいことリストを作る
気をつけるべきこと	紛失注意。データはバックアップを

2024年の開運相性

恋愛運を上げる天星
深夜 × **新月**

仕事運をのばす天星
深夜 × **深夜**

金運をのばす天星
深夜 × **海**

基本の開運色
茶色

2024年の開運色
緑

2024年の開運アイテム
ブレスレット

2024年の開運スポット
温泉地

天星タイプ別 基本の相性

深夜 × 満月 ★★☆☆☆	深夜 × 大陸 ★★★☆☆
深夜 × 上弦の月 ★★★★☆	深夜 × 海 ★★★☆☆
深夜 × 下弦の月 ★★★★★	深夜 × 朝日 ★★★★☆
深夜 × 新月 ★★☆☆☆	深夜 × 真昼 ★☆☆☆☆
深夜 × 空 ★★★☆☆	深夜 × 夕焼け ★★★☆☆
深夜 × 山脈 ★★★★☆	深夜 × 深夜 ★★★☆☆

深夜

天星ナンバー 13

自分の世界を大切にする知識欲の塊

自分の世界観にそって生き、興味が湧かないことには無頓着。周りにはクールな印象を与えやすいですが、信じた相手には深い愛情を惜しみなく注ぎます。いつも笑顔を心がけていると、幸運が舞い込むはず。何歳からでも成長できるでしょう。

こんな星が入ってる

- ★ 道を覚えるのが得意の星
- ★ 面倒くさいのは嫌いの星
- ★ モブには冷たい星

天星ナンバー 19

危険と自由をとことん楽しむ冒険家

推理したり、記憶したりすることが大得意。怖いもの知らずで、多少危険なところへも刺激を求めて飛び込んでいく冒険家タイプです。場をわきまえず気分で動くため、落ち着きがない人と思われることも。今ある幸せに気づくことで運気が上向きに。

こんな星が入ってる

- ★ 怖いもの知らずの星
- ★ 自由を求める星
- ★ ヤンキー気質の星

天星ナンバー 24

隠れた野心をもつエネルギッシュな芸術家

野心家ですが、本心を上手に隠すことができるので純粋無垢な人と思われがち。ステータスに弱く、ときどき妙に頑固になります。いざというときは、底知れぬエネルギーが湧くことも。自分から心を開くよう心がけると、対人運がよくなるでしょう。

こんな星が入ってる

- ★ ステータスに弱い星
- ★ マイワールドの星
- ★ 芸術センス高めの星

天星ナンバー別の性格

天星ナンバー 25

無邪気でストレートな天真爛漫キャラ

サッパリしていて裏表がなく、天真爛漫で素直な性格の持ち主です。やりたいことに向かって頑張っていれば、自然と運が味方してくれるでしょう。思ったことを何でもそのまま口にしてしまうとトラブルのもとに。軽はずみな行動にも注意しましょう。

こんな星が入ってる

- ★ マッチングアプリの星
- ★ 言葉足らずの星
- ★ 怒られるとダメの星

天星ナンバー 30

独立心旺盛な孤高の実力者

人に指示されることを嫌がり、1人でもコツコツ努力を続けられる人です。人の話を聞かない一面も。ここぞというときには、並々ならぬやる気をもって取り組み、道を開いていきます。そのやる気を普段から少しずつ出せれば、もっと生きやすくなるでしょう。

こんな星が入ってる

- ★ 独立心がある星
- ★ 個性派の星
- ★ 甘え下手の星

天星ナンバー 35

繊細でアーティスティックな頑張り屋さん

愛情深く寂しがり屋。マイペースな面と繊細な面をあわせもつタイプ。芸術性が高く負けず嫌いですが、物事を気にしすぎたり考えすぎるので疲れてしまうことも。適度にリフレッシュを心がけて。心身ともに無理をしないことが大事です。

こんな星が入ってる

- ★ アーティスティックの星
- ★ 負けず嫌いの星
- ★ 繊細で気にしいの星

MIDNIGHT

YEARLY FORTUNE

2024年
深夜の運勢

THEME

“再起をかけると飛躍できる年”

総合運

TOTAL

2024年は、再挑戦のチャンスが訪れる年。新しいことに手を出すよりも、今まで進めてきたことを発展させるイメージで、やり残したことや諦めていたことに、もう一度チャレンジしてみて。考えすぎず、気の向くまま自分の心に素直になりましょう。「絶対に夢を叶える」という強い気持ちで、粘り強く取り組むこと。また、過去の反省点を活かして、具体的な計画を立てることも大切です。2024年は引きが強くなるので、運のよさを感じられる瞬間が多いはず。自信をもって、どんどん動いてみて！

恋愛運

LOVE

懐かしい人との縁が濃くなる1年です。昔の友達や知人、さらにその人たちからの紹介に縁が。オシャレに力を入れましょう。恋人募集中であることをオープンに。趣味が似ている人に注目。相手に幸せを分ける気持ちでいると、さらなる発展があるでしょう。自分なんてと諦めず、もっと信じてみて。

仕事運&金運

WORK & MONEY

2024年は、土台を固めておきたい年。苦手なことを克服したり、以前失敗したことに再挑戦したりしましょう。これまでを振り返って、必要なら軌道修正をすることも大事。結果が出るまで諦めずに努力すれば、大きな実りになるでしょう。最後までやり抜くことが、金運アップにもつながります。

2024年の運気バイオリズム

物事を見直す月
- 体調を崩しやすい
- 準備の時期
- 少し休憩

決断する月
- 直感に従う
- 人生が変わる
- 軸を定める

メンテナンスの月
- 体調管理を第一に
- メンタルダウンに注意
- 癒しを大切にする

努力が報われる月
- 変化がある
- 力を発揮できる
- 夢が膨らむ

誘惑が多い月
- 調子にのりがち
- 足腰を温める
- 決断はNG

再挑戦できる月
- 縁ある人と再会
- チャンス到来
- 経験を活かせるとき

吉凶混ざり引きが強い月
- 自信をもって行動
- プチセレブ感
- 注目が集まる

2023年　2024年

秋　冬　春

☀(光)と☁(影)のときは、
P.027のような性質が
それぞれ出てきます。

振り返ってみる月
- 楽しんでみる
- 穏やかな雰囲気
- 最後の決断

運気が低迷する月
- 健康面に影が
- 頑固はNG
- 流れに身を委ねる

八方塞がりになりやすい月
- 謙虚さを大事に
- 決めつけない
- じっくり煮詰める

リセットの月
- 判断ミス
- 縁が切れる
- 爆発しやすい

新スタートの月
- 新発見
- チャレンジする
- 直感が戻る

物事を見直す月
- 体調を崩しやすい
- 準備の時期
- 少し休憩

決断する月
- 直感に従う
- 人生が変わる
- 軸を定める

夏　秋　冬

赤(偶数年生まれ)

RED

13　19

もう一度チャンスが訪れる年。やり続けていたことに光が入り、過去に挫折したことは、反省を活かして再挑戦すれば実を結びそうです。旧友や周りに救われることも。紹介運も高まり、人が自然と集まってくるなど、飛躍する運気。臆せず立ち上がって。

決断運	★★★★☆
人間関係	★★★★★
健康運	★★★☆☆
金運	★★★★☆

＼あなただけの／
光の月 2月、5月／影の月 7月、8月

24　25　30

心身ともに穏やかに過ごせる年。前半ほど運気がよく、ゆっくりと環境や流れが変わっていく予感。早いうちから自分を見直して、足りない力を強化したり、気がかりなことを解決して備えましょう。節約や貯金を心がけると安心です。足もとには注意。

決断運	★★★☆☆
人間関係	★★★☆☆
健康運	★★☆☆☆
金運	★★★★☆

＼あなただけの／
光の月 3月、12月／影の月 5月、6月

35

幸運だけでなく、障害も多い年になる予感。流れに身を任せ、強気な行動は避けた方がよさそうです。不安を感じるなら、周囲の助言に耳を傾け、謙虚な姿勢を心がけるように。勉強を始めるなど、将来のための種を蒔くのにもいい運気です。

決断運	☆☆☆☆☆
人間関係	★★★☆☆
健康運	☆☆☆☆☆
金運	★★★☆☆

＼あなただけの／
光の月 1月、10月／影の月 3月、4月

天星ナンバー別の運気

白（奇数年生まれ）

WHITE

13 19

気持ちが緩み、迷いが生じやすい年。人からの誘いも増え、自分に自信をもてる一方で、あれもこれもと気移りし、何を選んでいいかわからなくなるかもしれません。調子にのりすぎず、現状維持を心がければ、豊かな実りにつながります。

決断運	★★☆☆☆
人間関係	★★☆☆☆
健康運	★★☆☆☆
金運	★★★☆☆

＼あなただけの／
光の月 3月、6月／**影の月** 8月、9月

24 25 30

2024年は絶好調！　やりたいことを絞るほど、引きの強さを発揮できるときです。自信をもって動くことで信用度もアップし、経済的にも恵まれる暗示。より高い目標を設定し、ランクアップをめざしてみて。スピードの出しすぎには注意。

決断運	★★★★★
人間関係	★★★☆☆
健康運	★☆☆☆☆
金運	★★★★★

＼あなただけの／
光の月 1月、4月／**影の月** 6月、7月

35

好調だった2023年と異なり、思いがけない壁に阻まれるなど、モヤがかかりそう。人間関係も注意が必要ですが、見返りを求めず、奉仕の気持ちをもって接することでトラブルを回避できるでしょう。焦らず、現状維持を意識して。

決断運	★☆☆☆☆
人間関係	☆☆☆☆☆
健康運	★☆☆☆☆
金運	★★☆☆☆

＼あなただけの／
光の月 2月、11月／**影の月** 4月、5月

2023 11 November 物事を見直す月

今月の開運メッセージ

今月は、足を止めて少し休憩をするといい時期。体調を崩しやすいので、1人で何でもやろうとせずに、ときには周りを頼ってみて。普段の暮らしも改善を。栄養バランスの整った食事や十分な睡眠を心がけましょう。気分転換に、ストレッチをしたり近くを散歩するのもおすすめ。何気ない日常の中にも小さな幸せを見つけると、心が満たされるでしょう。

今月の開運行動

1. 自然を感じるなど
リフレッシュを大切に
2. 自分磨き用のアイテムに投資
3. オン・オフのけじめをつける

天星ナンバー別 今月のお言葉

あなたの天星ナンバーをチェック!

RED　WHITE

赤（偶数年生まれ）		白（奇数年生まれ）
ときには肩の力を抜き、ちゃんと休むこと。結果を急ぐより、1日1つでも小さな幸せを見つけられるように。出会い運は高め。	13 19	自分にとっての幸せや喜び、成功のイメージを具体的に思い描くと新たな発見があるかも。難しく考えず思い立ったらまずは行動を。
自分の内面に探りを入れ、疲れたらひと休み。一度生活習慣を見直してみて。あなたにとっての幸せを第一に。バスタイムや良質の睡眠で癒しを。	24 25 30	自分の軸を決め、目標を高くもち動きましょう。粘り強く取り組めば光が見えてきます。かつて失敗したことも今なら叶えられるはず。
流されやすい月。誘惑にのらず、目の前のことだけに集中して。おいしい話は聞くだけにして自分で判断しないこと。飲み会での暴飲暴食にも注意！	35	頑張りが評価され、一気に注目を浴びそう。この機会に好きなことや楽しいことを増やしましょう。自信をもって行動してみて。

2023 12 December 決断する月

今月の開運メッセージ

直感に従って、次の道を選ぶのにふさわしいとき。今月は、自分に嘘はつかないこと。やりたいことや気になっていたことに挑戦してみましょう。勇気を出してスタートしてみると、思った以上にうまく進んでいくはず。また、喜びや幸せをおすそ分けするつもりで、「いいな」と思ったことはどんどん人に伝えてみると、運が開けていくでしょう。

今月の開運行動

1. 自分の気持ちに素直に従う
2. To Doリストを作って優先順に片付ける
3. おいしいものを見つけたらSNSでシェア

天星ナンバー別
今月のお言葉

あなたの
天星ナンバー
をチェック!

RED WHITE

赤（偶数年生まれ）	天星ナンバー	白（奇数年生まれ）
集中力が高まる年末は、勉強を始めるのにぴったりの時期。ダイエットや習い事を始めるのにも最適なので、目標を立ててみて。	13 19	寒さで体がこわばっているかも。肩や腰のストレッチをして体をほぐしましょう。出会い運もあるので、交流の場を広げてみて。
新しい物事を始めてみると、思った以上の力を発揮できそう。以前諦めたことも、今なら叶うかも。頑張った自分にご褒美を。家族との時間を大切に。	24 25 30	暴飲暴食には気をつけて！ ゆっくり噛んで食べる、ストレッチをするなどしてメンテナンスに集中を。新年に好スタートを切れるよう体力は温存。
オン・オフのメリハリをつけ家族と楽しい時間を過ごすと運気がアップする月。過去に縁があった人に助けられることも。幸せは必ず見つけられます。	35	大掃除は早めに取りかかり、体のケアもしっかりと。今ある幸せを見失わないように。大切な人には感謝を伝えて。

2024 1 January メンテナンスの月

今月の開運メッセージ

今月は、心と体のケアを大事にしたい時期。思ったよりも疲れが溜まっているため、ゆとりあるスケジュールを心がけ、意識して自分を癒す時間を作りましょう。成り行き任せでいるよりもきちんと必要なことを考えて選べば、ストレスなく過ごせそう。また、トラブルに巻き込まれやすい運気ですが、人の多い場所から遠ざかることで回避できます。運転には気をつけて。

今月の開運行動

1. 食事はゆっくりと感謝しながらいただく
2. 軽い運動やストレッチを意識的にする
3. しっかりプランを立てて行動

天星ナンバー別
今月のお言葉

あなたの
天星ナンバー
をチェック！

RED　WHITE

赤（偶数年生まれ）	天星ナンバー	白（奇数年生まれ）
2024年はゆったりめにスタート。体調や癒しを大切にしたい時期なので、無理せず、自分のペースで一歩ずつ進みましょう。	13・19	自分の軸を定め、新年の目標を掲げると、いいスタートが切れそう。理想を描き、ダイエットや習い事を始めるのにもGOODタイミング。
甘い言葉に惑わされないことが大切。美意識を高め、トレーニングなどでボディメイクすると、新たな可能性に気づけるかも。	24・25・30	運気は絶好調。やりたいことや夢が膨らみ、体の中からエネルギーが湧いてきそう。思いを口にするほど、周りからも応援されるでしょう。
大きなチャンスが舞い降りる月。自信をもって、何にでも挑んでみましょう。基礎化粧品をワンランクアップするのもおすすめ。	35	親孝行やご先祖様の供養がテーマの月。過去の縁に感謝することで、どんなトラブルも乗り越えられるエネルギーに。開運のカギは、あなたの笑顔。

2024 2 February 努力が報われる月

今月の開運メッセージ

これまでの頑張りが評価され、チャンスが訪れるとき。自分の直感に従って行動すると、天が後押ししてくれて、うれしい展開につながるでしょう。いい縁にも恵まれそうな時期です。周りの人からの誘いには積極的に応じ、集まりや食事会に顔を出してみて。交友関係をどんどん広げていくと、素敵な出会いがあったり、世界がグンと広がったりするでしょう。

今月の開運行動

1. しばらく会えていない人に近況報告をする
2. 決めたことは迷わず行動に移す
3. 友達のいいところを3つ挙げて伝える

天星ナンバー別
今月のお言葉

あなたの
天星ナンバー
をチェック!

RED　WHITE

天星ナンバー	赤（偶数年生まれ）	白（奇数年生まれ）
13 19	キャリアの節目。起業や転職運も高めです。人脈をフル活用して動くといい月。攻めの姿勢が良縁を呼び込みます。プチ贅沢も吉。	前半は体調を整え、食事も睡眠もしっかりとって充電期間に。後半は感情的にならないように冷静に。
24 25 30	ポジティブな言葉を使い、願いを声に出してみると開運。過去やめてしまったことを、もう一度始めてみると、うまくいきそうです。	欲張りになりそうな月。隣の芝生は青く見えがち。今ある幸せを見失わないように行動を。ケガもしやすい時期なので、ぼんやりに気をつけて。
35	穏やかに過ごせる時期。休日は時間をかけて料理したり､掃除をしたりと、のんびり過ごすと幸福を感じられ、エネルギーになります。	金運に恵まれますが、使いすぎてしまうなど、よいことも悪いことも引き寄せやすいとき。何事も謙虚に受け止めることで運を味方に！

2024 3 March 誘惑が多い月

今月の開運メッセージ

自信を失い、優柔不断になってしまいそうな時期。「このままでいいのか」と悩んだら、焦って結論を出すよりもいったん保留にしましょう。ちょっとしたことでも「まぁいいや」と見逃さず、追求していけば、進むべき道が見えてきます。答えが出たなら、もう迷わないで。もっと自分を信頼し、ゆっくりと進んでいけば、やがて幸運がやってくるでしょう。

今月の開運行動

1. 気になることは すぐに周りに相談する
2. 生まれた場所の名産を味わう
3. 自分の幸せを考えて行動する

あなたの
天星ナンバー
をチェック!

天星ナンバー別
今月のお言葉

RED　WHITE

赤（偶数年生まれ）

13 19

心が浮ついて、ケアレスミスをしてしまうかも。気を引き締めて、1つのことに集中しましょう。冷え対策は足腰を重点的に。

24 25 30

自分の軸に従い、やりたいことに全力投球すれば、レベルアップできる月。周りの声に流されず、ぶれない心をもつことが大切です。

35

考えすぎないで。物事がうまくいかないのは、心がこわばっているからかも。思い込みを捨て、流れに身を任せましょう。肩の力を抜いて、柔軟に。

白（奇数年生まれ）

13 19

天に味方される運気です。あなた本来の力が活き始めるので、夢を叶えるために動き出してみて。無理と思うことも挑めばチャンスが。

24 25 30

リベンジのパワーを得られるとき。以前つまずいたことも今ならうまくできそう。過去の縁が幸運を運んでくるので、お誘いには進んで参加を。

35

身の回りを見つめ直したい時期に入ります。今ある幸せに目を向けて、小さな喜びが大きな力に。月末はペースダウンが運気安定のコツ。

2024 4 April 再挑戦できる月

今月の開運メッセージ

目指したい未来をもう一度思い出して、リスタートを切るのにいいタイミング。ここまでにどれくらい進んできたのか、目標までに今何が足りないのかを確認してみて。必要なら、軌道修正をしましょう。これまでを振り返り自分の成長を確認することで、モチベーションがアップするはず。また、仲のよかった人に久しぶりに連絡をしてみると、いい交流になる予感です。

今月の開運行動

1. これまでの経験を活かす方法を考える
2. 先祖や家族に思いをはせ感謝をする
3. 初心を思い出してみる

天星ナンバー別 今月のお言葉

あなたの天星ナンバーをチェック！

RED　WHITE

赤（偶数年生まれ）	天星ナンバー	白（奇数年生まれ）
直感に導かれるままにアクティブに進みたい月。イベントには進んで参加を。マメに運動して心身をスッキリさせると開運。	13 19	一目惚れや酔った勢いなどで、思わぬ出来事が入りやすい月。気を引き締めて行動を。迷ったときは何もしない選択が吉。
やるべきことはスピード感をもって早めに終わらせましょう。体調やメンタルの変化も気にかけていれば、トラブルを回避できます。	24 25 30	金運にめぐまれる月。スキルアップのための投資は、いい結果を生むはず。吉凶ともに引きが強いので、好運におごらず、幸せを周りと分かち合って。
つらいことがあっても、今は準備の時期だと捉えて。あなたはちゃんと守られています。落ち込んだときこそ、明るい服を着てパワーをチャージ。	35	柔軟な姿勢がテーマの月。頑固な心はトラブルのもと。視野を広げて周囲の意見を受け入れることで、あなた自身も成長できるでしょう。

2024 5 May 吉凶混ざり引きが強い月

今月の開運メッセージ

周囲からの注目を浴びるとき。自信をもって行動して大丈夫です。今月は自分への投資をするといい時期でもあります。スキルアップにつながることを始めたり、美容サロンへ行ったりと自分磨きに力を入れましょう。後に大きな実りとなって返ってくるはずです。また意外な人の意外な一面を発見して、新しい交流が始まる予感もあります。

今月の開運行動

1. 好きなものに囲まれて過ごしてみる
2. ずっと欲しかった物を購入
3. お世話になっている人には目を見て感謝を伝える

天星ナンバー別
今月のお言葉

あなたの
天星ナンバー
をチェック!

RED　WHITE

赤（偶数年生まれ）　**白**（奇数年生まれ）

13・19

赤：成長できる月。ランクアップにスキルアップ、変化も吉。好調の波。ただし、足をすくわれやすいので、嫉妬や見栄には気をつけて。

白：やり直しのパワーが宿る月。疎遠になってしまった人や仕事との縁が復活の予感。見返りを求めない行動が、新たな関係を築くカギに。

24・25・30

赤：見返りを求めず、優しい言葉遣いを心がけましょう。朝起きたらすぐに太陽の光を浴びて、自律神経を整えることも大事です。

白：大切な人との時間を温めたい月。贅沢をするより、料理に手をかけるなど、ささやかな日常を楽しむことで開運に。貯金を始めると◎。

35

赤：なるべく気分転換を意識してほしい月。価値観や感じ方が変わり始めます。必要ないものはリセットし、自宅を居心地のよい空間にしてみましょう。

白：奉仕の心が開運のカギ。周囲への感謝の気持ちを優先させると、マイナスな気持ちも消えそう。体の不調を感じたら、無理しないように。

2024 6 June 振り返ってみる月

今月の開運メッセージ

今月は、自分自身を大切にし、美意識を高めるといい時期。雑誌やネット、プロのアドバイスなどを参考にして、自分の魅力がアップする髪型やファッション、メイクに挑戦してみましょう。また、外見だけではなく内面を成長させると魅力が倍増します。大変でも、苦手意識のあることを克服できるようにコツコツと努力をしてみましょう。

今月の開運行動

1. 損をすることを恐れない
2. 目の前のことに集中する
3. 爪をキレイにして整える

天星ナンバー別
今月のお言葉

あなたの
天星ナンバー
をチェック!

RED　WHITE

赤（偶数年生まれ）	天星ナンバー	白（奇数年生まれ）
小さな幸せを見逃さず、何事も楽しんでみて。日が経つにつれて運気は低迷していくので、欲望に負けて突っ走らないように。	13 19	ピンチをチャンスに変えられるような好調月。多少の波は気にせず自信をもって進みましょう。大きな決断や転職、仕事で使うものを一新するのも◎。
家での過ごし方がカギになりそう。ストレッチで体をいたわる、のんびり半身浴する、新しい世界を学ぶなど、自分磨きにトライ！	24 25 30	気分が一変しやすい時期。予定外の出来事も増えますが、流れに身を委ねることでトラブル回避に。落ち込んだらデジタルデトックスも効果的。
悩みや問題は、一度ゼロから考えることで突破口が見つかりそう。考えすぎず、自分が一番大切にしたいことを優先して。	35	本当に大切なものが見えてくるときです。取捨選択は感情に任せず、冷静に。今のあなたの波長に合わないものとは縁が切れることも。

2024 7 July 運気が低迷する月

今月の開運メッセージ

流れに身を委ねることが大切なとき。急に予定が変わったり、周りの人に振り回されてしまうかもしれませんが、どんなことでも臨機応変に対応するようにしましょう。今月は、答えを出そうとせず、また頑固にならないように気を付けること。気分が上がらないときは、癒しの音楽などに触れると、少しずつ明るさを取り戻せるはずです。

今月の開運行動

1. アドバイスを素直に受け入れる
2. 財布の紐を固くする
3. ストレスをこまめに発散する

天星ナンバー別
今月のお言葉

あなたの
天星ナンバー
をチェック!

RED　WHITE

赤（偶数年生まれ）　白（奇数年生まれ）

13・19

赤：おうち時間を充実させ、読書や勉強など自分磨きに徹すると吉。ストレスが溜まったら、大きな声で好きな曲を歌ってみて。

白：余裕とゆとりがテーマの月。贅沢よりは賢い節約ライフを楽しむことが開運に。家族や仲間に尽くすことで、心も満たされるでしょう。

24・25・30

赤：本当に必要なものを見極め、不要なものや縁は思い切って手放しましょう。体も心もスッキリと。自分の可能性が広がっていきます。

白：立ち止まって自分を見つめ直すチャンス。頑固さを捨て、周囲の人から学ぶ気持ちを大切にすると大きく成長できそう。苦手の克服も！

35

赤：来月からの運気上昇に備えるウォーミングアップの時期。生活習慣を見直し、運動や食生活にいい変化を取り入れると吉。

白：あなたのエネルギーが戻ってくる月。やりたいことが出てきたら踏み出してみて。環境の変化もありますが、新たな目標を見つけると開運に。

2024 8 August 八方塞がりになりやすい月

今月の開運メッセージ

今月は、内面を磨くといい時期。派手なことをしなくても、じっくりゆっくりと心を豊かにする活動をしていくことで開運につながります。本を読んで視野を広げたり、資格取得のための勉強を始めるのもおすすめ。壁にぶつかっても、ネガティブに考えすぎないで。どんなことも「成長のきっかけ」と前向きにとらえてみると、やがて幸運が巡ってきます。

今月の開運行動

1. 有言実行
責任をもって行動する

2. 一度諦めたことを
再度学んでみる

3. 受けた優しさは倍にしてお返し

天星ナンバー別
今月のお言葉

あなたの天星ナンバーをチェック!

RED　WHITE

赤（偶数年生まれ）	天星ナンバー	白（奇数年生まれ）
心身を整える準備の時期。無理に新しいことにチャレンジせず、趣味や勉強を継続してみて。ケガやトラブルに要注意。	13 19	空回りしやすい月。メモを取る、念入りに確認する、前に出ず人の話をよく聞くといった控えめな態度でケアレスミスを防止して。
自分の勘を信じて、気になっていたことに積極的にチャレンジしてみましょう。イメチェンや欲しかったものを購入するのも◎。	24 25 30	本当に必要なものは何かを考える月。手放したくないものは守る努力を。縁が切れるものがあるぶん、新しい縁も来るので未来を信じて。
直感が冴える月。自分の気持ちに正直に。YES、NOはっきりジャッジを。人には感謝と思いやりを大切に。	35	蒔いた種を育てるときです。挑戦中のことがあるなら、一度見直し、やり方を変えてみるのもよさそう。諦めず、ゆっくりでも前進！

2024 9 September リセットの月

今月の開運メッセージ

今月は、身の回りを片付けることはもちろん、人間関係の整理をすることが重要です。今の自分に合わない相手や、一緒にいて自分らしくいられない相手とは距離を置く決断をして。自分にとって必要のないものとはお別れをすることになるかもしれませんが、未練は断ち切り、執着はしないこと。整理した分、今のあなたにぴったりなものや縁が舞い込んでくるでしょう。

今月の開運行動

1. 強い意志を貫く
2. 何事も柔軟に考える
3. 翌日の準備は寝る前に済ませておく

あなたの
天星ナンバー
をチェック!

天星ナンバー別
今月のお言葉

RED　WHITE

赤（偶数年生まれ）　白（奇数年生まれ）

13・19

赤：執着を手放し、心に余裕をもたせるタイミング。「いるもの」と「いらないもの」を明確にして、スッキリと身軽になりましょう。

白：奉仕の心がテーマの月。自分より人を優先することで、あなたの味方が増えていくはず。小さな幸せを見失わないよう日記を書くのも◎。

24・25・30

赤：一度立ち止まって、ゆっくりと休むことで来月以降運気が上がります。夏の疲れを癒しましょう。悪い習慣があれば、今のうちに改善を。

白：運気はゆっくり上昇中。やる気も湧いてくるので、なんでもトライしてみて。変化を恐れず、楽しむことでツキもひらけるでしょう。

35

赤：友達との会話やドライブ、ショッピングなど、自分なりの気分転換が必要です。少し疲れが出やすい時期なので、無理はしないように。

白：切り替えに吉月。自分の軸を定めぶれない気持ちで、目標や計画を立てておくと夢に近づけます。日常の買い物では自分が惹かれるものを選ぶと◎。

2024 10 October 新スタートの月

今月の開運メッセージ

少しずつ明るさを取り戻せて、前向きになれそうなとき。自然体でいると運気の流れにのれるので、のびのびと過ごすようにしましょう。もし力が入っているなと感じたら、一度深呼吸を。肩の力を抜いて、どんな状況も楽しむようにすれば、すべてがうまくいくはず。元気になってきたら、新しいことや変化に臆せず飛び込んでみると、チャンスが広がるでしょう。

今月の開運行動

1. 普段とは違う行動を選んでみる
2. 遊び心をもって楽しむ
3. メイクはナチュラルを意識する

天星ナンバー別
今月のお言葉

あなたの
天星ナンバー
をチェック!

RED　WHITE

赤（偶数年生まれ）　**白**（奇数年生まれ）

13　19

赤：運気は緩やかに上昇しています。活力がみなぎるため、新たなことにも積極的にチャレンジできそう。失敗を恐れないで。

白：壊れかけたもの、ウマが合わない人など、波長の合わない縁を手放すとき。大切なものや人を選ぶ意識でリセットしてみて。

24　25　30

赤：目標を高めに設定して、どうしたら達成できるか細かく考えてみて。自分の可能性を広げるイメージをもてば、チャンスが訪れます。

白：新しい出会いがある月。成長の過程なので、人との交流からなんでも吸収してみましょう。失敗を怖がらず、少しずつでも前進！ をめざして。

35

赤：気分が上がる出来事がありそう。結果よりも過程を楽しんで、自分の力を存分に発揮して。あなたの可能性は、まだまだ広がります。

白：お散歩やおしゃべりが必要な時期。ストレスが溜まりやすくなるので、こまめに解消を。好きなものに触れることでパワーチャージしよう。

2024 11 November 物事を見直す月

今月の開運メッセージ

新たに始めたことや、今の人間関係を一度考え直すといい時期。難しく考えずにシンプルに捉えてみましょう。どうすればいいかわからなくなったら、散歩をしたり自然と触れ合ったりして、気分転換をしてみるのがおすすめ。気持ちがスッキリすることで、自然と答えが見えてくるはず。どんなときも素直な気持ちを大切にすれば、幸運がやってきます。

今月の開運行動

1. 気になる場所は下調べしておく
2. 普段使う物に明るい色を取り入れる
3. ひらめくことがあったら具体的な計画を立てる

天星ナンバー別 今月のお言葉

あなたの天星ナンバーをチェック!

RED WHITE

赤（偶数年生まれ）

白（奇数年生まれ）

13 19

赤：等身大の自分でいることが成長につながりそう。強がらず、必要以上に大きく見せようとせず、ありのままで過ごせば大丈夫。

白：変化が開運につながる月。出会い運もあるので、初めての場所でも勇気を出して足を運んでみて。冒険するほど未来の可能性が広がります。

24 25 30

赤：心を軽くするには、怠けてしまってやり残したことがないか振り返ることが大切。癒しを大切に、真冬に向けて心身を整えましょう。

白：はっきりとした意思表示が未来をひらくカギ。告白や転職など、これだ！と思うものを選択して。人生の転換に吉月。

35

赤：ケアレスミスに落ち込むかも。メモを取る、To Doリストを作るなど、入念な確認作業を心がけると回避できそう。

白：天からのエネルギーを感じられる月。思い通りに進むときなので、苦手なことも楽しんで取り組んで。頑張った自分にはプチ贅沢なご褒美を。

2024 12 December 決断する月

今月の開運メッセージ

今月は、夢に向かって動き出したい時期。理想を高く描くことで、パワーがどんどん湧いてきます。めざす場所をイメージできたら、力強く一歩を踏み出してみましょう。もし不安になってしまっても、あなたなら大丈夫。「自分ならできる」と、強い気持ちをもっていれば運が味方してくれます。勇敢に立ち向かう姿が、周りの人にも勇気を与えるでしょう。

今月の開運行動

1. ここぞというときは勝負をかけてみる
2. 人を喜ばせることを意識する
3. これまでに得てきた人とのつながりを大事にする

天星ナンバー別
今月のお言葉

あなたの
天星ナンバー
をチェック!

RED WHITE

赤（偶数年生まれ）

白（奇数年生まれ）

13 19

赤：大きな決断を迫られたら、「自分には無理だ」と感じる方を選択してみて。夢や目標は高いほどあなたを成長させてくれます。

白：自分が成長しているか、そのための課題をもっているか振り返ってみて。疲れたら少し休憩して、また一歩踏み出しましょう。

24 25 30

赤：1年間の頑張りが認められるとき。夢が膨らみ、充実感を味わえます。年末まで、自信をもって走り抜けて。自分にご褒美もアリ。

白：ストレスが溜まるとき。体のSOSを受け止めたら、ペースダウンを。体を温め、良質の睡眠をとることで、いい新年を迎えられるはず。

35

赤：かつて縁があった人や場所が喜びをもたらしてくれる予感。幸せな記憶を語り合ったり、思い出の料理や食べものからパワーチャージを。

白：あれもこれもと欲が出やすいとき。特においしい話には気をつけて。大事なことは自分で判断せず、信頼できる人に相談するとトラブル回避。

MIDNIGHT

2024年
日々の
開運メッセージ

Daily Fortune Message

先々を見通してみたり
その日がどんな日なのか調べてみたり
日々の過ごし方や考え方の
参考にしてみてくださいね。

運気キーワード

KEYWORD

《 吉凶日 》

天赦日

「天が赦す日」と書くように、神様がすべての罪を赦し、障害が取り除かれる日とされています。一粒万倍日より数が少ない大吉日。結納や婚姻届の提出など、結婚にまつわることを行うのによく、新しいことを始めるのにもいい日です。

一粒万倍日

「一粒の種子が万倍にもなって実る」という意味をもち、何かを始めるのにいい日とされています。財布の新調にも最適。ただし、人からお金やものを借りると、万倍に膨らみ凶となるため注意してください。

不成就日

要注意日。何事も成就しない、悪い結果を招いてしまう日とされています。結婚、開店、起業など、新しいことを始めるのは避けた方がいい日です。

吉日と不成就日が重なる場合には、あまり新しい行動を起こさない方がベター。

《 月の満ち欠け 》

● 新月

新しいスタートを切るのにいいとき。新しいものを買うのにもいい日とされています。

◐ 上弦

新月から満月へと満ちていくとき。判断力や決断力が高まっているときで、積極的な行動を起こすのに適した日とされています。

◑ 下弦

満月から新月へと欠けていくとき。物事をリセットしたり、デトックスしたり、感情のリセットなどにも向く日とされています。

● 満月

不要なものを手放すのにいい日とされています。

PHASES OF THE MOON

2023 11 November

毎日の運気をチェック!

物事を見直す月

DATE			
1	Wed.		目標を人に話して、自分にプレッシャーをかけよう。
2	Thu.		パートナーとの結婚を意識するのにいいタイミング。
3	Fri.		体調が不安定かも。風邪予防はしっかりしておこう。
4	Sat.		冬服を買いに出よう。流行も取り入れてみて。
5	Sun.		朝から積極的に動けば、予定を無事にこなせそう。
6	Mon.		人との出会いを大切に。1対1で話してみよう。
7	Tue.		マッサージなど、人を癒す技術を身につけると吉。
8	Wed.	不成就日	仲間にはお礼を。今後も味方でいてくれそう。
9	Thu.		上品なアクセサリーを身につけると魅力アップ。
10	Fri.		嫌なことを言われても怒らないで。悪気はないはず。
11 一の酉	Sat.	一粒万倍日	妨げになっていることがあれば、早めに取り除こう。
12	Sun.	一粒万倍日	パートナーの優しさに涙。自分も思いやりを示して。
13	Mon.		参加できそうなボランティア活動を調べてみよう。
14	Tue.		新規契約に適した日。ただし内容は細部まで確認を。
15	Wed.		意地を張ると味方してもらえないかも。素直が一番。

16 Thu.		不成就日	人気が集まりやすい日。アイメイクで印象づけて。
17 Fri.			パートナーの行動が怪しいなら、話し合いの場を。
18 Sat.			香りの力を上手に使って集中力をアップさせよう。
19 Sun.			旅行など、自分の世界が広がることなら出費もあり。
20 Mon.	◐		憧れの人と過ごせそう。幸せな時間を満喫して。
21 Tue.			人に頼らずに、自分の力で乗り越えることが大事。
22 Wed.			今いる環境に不満が。愚痴るよりも視点を変えよう。
23 Thu. 二の酉		一粒万倍日	急に予定が空いたら、好きなことをして楽しもう。
24 Fri.		一粒万倍日 不成就日	理想的な生活を送る人に会うかも。話を聞いてみて。
25 Sat.			すれ違いが起きないよう、大切な人との時間を作ろう。
26 Sun.			家族にとってうれしい情報が。より絆が深まる予感。
27 Mon.	○		恋のライバル登場！ でも心配しなくても大丈夫。
28 Tue.			実力は十分。挑戦すれば周りから認められるはず。
29 Wed.			油断すると先を越されるかも。どんどん進んで！
30 Thu.			経験で培った勘がものを言いそう。自信をもって。

● 新月 ◐ 上弦 ○ 満月 ◑ 下弦

2023 12 December 決断する月

毎日の運気をチェック!

DATE			
1	Fri.		お世話になった人には感謝を忘れずに伝えよう。
2	Sat.	不成就日	相手選びに迷ってしまうときは、見た目も重視して。
3	Sun.		微妙な相手から好かれて複雑な気分。様子見が◎。
4	Mon.		周りの目を気にすること。派手な行動は控えて。
5	Tue. ◐	一粒万倍日	甘いものを食べれば、イライラも鎮まりそう。
6	Wed.	一粒万倍日	習い事を始めるなら、先生が明るい教室を選んで。
7	Thu.	一粒万倍日	聞き役に回ろう。長所を見出してもらえるはず。
8	Fri.	一粒万倍日	迷うのは終わりにして、気持ちを固めるとき。
9	Sat.		トラブルに慌てないためにも、時間に余裕をもとう。
10	Sun.	不成就日	運命を感じる相手との出会いは貴重。手放さないで。
11	Mon.		自分と違う意見にも聞く耳をもって上手に調整を。
12	Tue.		片想いしていた人が、ついに振り向いてくれるかも!
13	Wed. ●		頑張った自分にご褒美を。財布を新調してもOK。
14	Thu.		クリスマスの予定を考えよう。相手の希望も聞いて。
15	Fri.		身近な人の秘密を知っても、言いふらさないように。

16 Sat.		人の欠点を指摘するより、まず自分の欠点を直そう。
17 Sun.	不成就日	万一に備えてデータのバックアップをとっておいて。
18 Mon.		興味があるなら、ためらわずに足を踏み入れよう。
19 Tue.	一粒万倍日	頑張っていれば協力者が出現。感謝を忘れずに。
20 Wed. ◐	一粒万倍日	パートナーと将来の約束をするのに最適な日。
21 Thu.		飲み会が続いてお疲れモード。体を休ませよう。
22 Fri. 冬至		自由な発想と、協調性をバランスよく保つのが吉。
23 Sat.		忙しさから頭がぼんやり。忘れ物には注意。
24 Sun.		相手の喜ぶ顔を思い浮かべて、プレゼントを贈ろう。
25 Mon.	不成就日	大切な人に会えないなら、メッセージを送って。
26 Tue.		食事会で披露する話題を用意。盛り上がるはず。
27 Wed. ●		一度決めたことは、強い意志で来年も続けていこう。
28 Thu.		1年の汚れを落とすつもりで掃除。気分もスッキリ。
29 Fri.		イベントは長居せず、少し物足りないくらいが◎。
30 Sat.		来年の目標は、具体的なほどやる気が湧くはず。
31 Sun. 大晦日	一粒万倍日	今年お世話になった人たちにお礼のメッセージを。

● 新月 ◐ 上弦 ● 満月 ◑ 下弦

2024

1 January
メンテナンスの月

毎日の運気をチェック!

DATE		
1 Mon. 元日	天赦日 一粒万倍日	元日のうちに今年の目標を決めてリストにしよう。
2 Tue.	不成就日	計画通りに進みにくい日。家で気ままに過ごして。
3 Wed.		気になることがあるなら、すぐに動くと解決しそう。
4 Thu. ◐		勢いに任せた買い物は後悔しそう。冷静になって。
5 Fri.		悪い習慣は、今日を機にやめる決断をしよう。
6 Sat.		目標に向かって努力してきたなら、うれしい結果が。
7 Sun. 七草		周りのサポートのおかげでいい展開に。お礼を伝えて。
8 Mon.		わがままな行動はNG。我慢することも大切。
9 Tue.		荷が重いと感じても、あなたなら乗り越えられるはず。
10 Wed.	不成就日	不機嫌を顔に出さないで。明るい表情を心がけよう。
11 Thu. ●		やりたいことが出てきてワクワク。忘れずにメモを。
12 Fri.		バランスのよい食事をとろう。サプリの活用も◎。
13 Sat.	一粒万倍日	迷って決められないときは、ピンとくる方を選んで。
14 Sun.		運動不足を感じそう。軽いストレッチから始めよう。
15 Mon.		気になる人にアプローチを。会う約束ができる予感。

16 Tue.	一粒万倍日 不成就日	頼まれ事を軽々しく引き受けるのは×。よく検討を。
17 Wed.		学生時代の友達に連絡を。いい刺激を受けそう。
18 Thu. ◐		自分の力を発揮できるとき。下準備はしっかりと。
19 Fri.		親しい人に対しても、思いやりを忘れないように。
20 Sat.		気持ちをもてあそんでくる相手は早めに見切りを。
21 Sun.		急に予定が変わるかも。相手のことを思いやって。
22 Mon.		思わぬトラブルの可能性も。周囲に合わせるのが吉。
23 Tue.		来月の予定に目を向けて準備とリサーチを始めよう。
24 Wed.	不成就日	押し通すより、あえて譲ってみた方がスムーズに。
25 Thu.	一粒万倍日	新しくオープンしたお店で、素敵な物に出合えそう。
26 Fri. ●		偏った食生活は×。旬の食べ物で内側からキレイに。
27 Sat.		気分転換に、行ったことのない場所へ出かけて。
28 Sun.	一粒万倍日	あれこれ手をつけるより、1つのことに集中すると◎。
29 Mon.		一度諦めたことに再挑戦。今回はマイペースでOK。
30 Tue.		大切な人に連絡を。疲れていた心が癒されそう。
31 Wed.		今月の仕事はしっかり今日中に終わらせておくこと。

● 新月 ◐ 上弦 ● 満月 ◑ 下弦

2024 **2** February

毎日の運気をチェック!

努力が報われる月

DATE		
1 Thu.	不成就日	相手にも考えがあるはず。まずは話を聞いてみよう。
2 Fri.		明るい話題を選べば苦手な人とも打ち解けられそう。
3 Sat. ◐ 節分		浮かれすぎると危険。謙虚な姿勢を心がけて。
4 Sun.		即レス、即実行、何事もスピードを意識すると◎。
5 Mon.		自分から話しかけてみて。役立つ情報を聞けるかも。
6 Tue.		今の気持ちを整理すると、一気に先が見えてきそう。
7 Wed.	一粒万倍日	おいしい物を食べれば、頑張る力が湧いてくるはず。
8 Thu.		開放的な場所に足を運んで、心身を癒して。
9 Fri.	不成就日	好調なときほど、自分の力を過信しないように。
10 Sat. ●		以前諦めたことに再トライ。信頼を得られそう。
11 Sun.		これまでの思いが実を結ぶかも。全力を尽くして。
12 Mon.	一粒万倍日 不成就日	今日は、人と適度な距離を保った方がいいみたい。
13 Tue.		少し孤独を感じそうだけど、1人の時間を満喫して。
14 Wed.		よい案が浮かんでも、今はじっくり温めるときかも。
15 Thu.		長い間使っていないものを処分。気持ちもスッキリ。

16 Fri.		初めて行くお店で、役立つアイテムを発見できるかも。
17 Sat. ◐		慌ただしくてクタクタ。ご褒美にはスイーツが◎。
18 Sun.		朝一番で今日の予定を組むと、充実して過ごせそう。
19 Mon.	一粒万倍日	不調がようやく治る兆し。ただし油断しないこと。
20 Tue.	不成就日	ステップアップの機会が舞い込んでくる予感。
21 Wed.		勘違いをしないよう、相手の話はしっかり聞こう。
22 Thu.		会いたい人に連絡を。運よく会えることになるかも。
23 Fri.		好きな服を着て外出を。周囲の注目を集めそう。
24 Sat. ○	一粒万倍日	叶えたいことがあるなら、積極的に動いていこう。
25 Sun.		人に頼んだことも、最後は自分で再確認すること。
26 Mon.		厳しい意見も、成長のチャンスと前向きに考えて。
27 Tue.		未練と潔くさよならすることで新しい出会いの可能性も。
28 Wed.	不成就日	気になることを調べてみよう。耳寄りな情報をゲット。
29 Thu.		思い立ったらすぐ行動！ いい展開につながりそう。

● 新月 ◐ 上弦 ○ 満月 ◑ 下弦

2024 3 March 誘惑が多い月

毎日の運気をチェック!

DATE

1	Fri.		うっかりミスをしやすい日。念入りに確認をしよう。
2	Sat.	一粒万倍日	寒さで体調を崩さないよう、体をしっかり温めて。
3 ひな祭り	Sun.		いいアイデアが浮かびそう。お花見の企画も◎。
4 ◐	Mon.		周りとペースを合わせてみるとスムーズに進みそう。
5	Tue.		懐かしい人と遭遇。連絡先を交換しておこう。
6	Wed.		親しみやすさも大切だけど、礼儀はきちんと守って。
7	Thu.	不成就日	つながっておきたい人ならこまめな連絡を忘れずに。
8	Fri.		不安にとらわれないで、広い心で構えていよう。
9	Sat.		むやみに動くより、今の自分の気持ちに向き合って。
10 ●	Sun.	一粒万倍日	欠点に気づけたのなら、必ず成長していけるはず。
11	Mon.	不成就日	周囲の勧めにのるのはいいけど、動くのはまだ先。
12	Tue.		1人で解決しようとせず、まずは情報を集めてみて。
13	Wed.		失くしたくないものは何かを考えて、決断しよう。
14	Thu.		少しの痛みでも放置してはダメ。早めに病院へ。
15	Fri.	天赦日 一粒万倍日	魅力が輝く日。豊富な話題で注目を集めそう。

16 Sat.		判断力が鈍りやすいとき。甘い言葉には気をつけて。
17 Sun.		アプローチはまだ早いみたい。友達の距離感が吉。
18 Mon.		家計簿をしっかりつけると、無駄遣いを減らせそう。
19 Tue.	不成就日	行いは自分に返ってくると考えて、人には親切に。
20 Wed.		順調なときほど落とし穴が。気を引き締めよう。
21 Thu.		自分を振り返るとき。悪いところは認めて直して。
22 Fri.	一粒万倍日	大変でも冷静になれば、自然と乗り越えられるはず。
23 Sat.		チャレンジの日。気になることを始めるのに最適。
24 Sun.		スカッとする映画を観て、明日からのやる気を養おう。
25 Mon.		あれこれ手をつけるより、一点集中が成功のカギ。
26 Tue.		1人で抱え込まず、たまには周りを頼ってみよう。
27 Wed.	一粒万倍日 不成就日	モテ運がアップ。ただし八方美人にならないように。
28 Thu.		おいしい話に要注意。情報はしっかり確認して。
29 Fri.		懐かしい人から誘いがあるかも。会う約束は後日に。
30 Sat.		注目が集まりそう。調子にはのりすぎないよう注意。
31 Sun.		困ったときはお互いさま。積極的に手を貸そう。

新月 上弦 満月 下弦

毎日の運気をチェック!

2024 4 April 再挑戦できる月

DATE			
1	Mon.		人と話すときは、思いやりのある言葉を選ぼう。
2	Tue.		アドバイスは素直に聞こう。好感度にもつながるはず。
3	Wed.	一粒万倍日	努力しても報われないなら、諦めて次に進もう。
4	Thu.	不成就日	仲間の温かさを感じる日。気持ちも前向きに。
5	Fri.		面倒でも、取りかかってしまえばスイスイ進むはず。
6	Sat.	一粒万倍日	頭を柔らかくすると、いいアイデアが浮かびそう。
7	Sun.		無駄遣い防止には買い物リストを作るのが効果的。
8	Mon.		昔好きだった人と再会。懐かしい話に花が咲きそう。
9	Tue.	一粒万倍日 不成就日	テキパキ仕事をしよう。後輩からも慕われるはず。
10	Wed.		後回しにしていた仕事を片づけて。気持ちもラクに。
11	Thu.		頑張ったら頑張った分だけ成果が出そうな日。
12	Fri.		自分の仕事が終わったら、人の仕事を手伝うと吉。
13	Sat.		人任せにはせず、最後まで自分で責任をもとう。
14	Sun.		軽はずみな行動は×。慎重な言動を心がけて。
15	Mon.		使っていない物をフリマに出すと高値で売れるかも。

16 Tue. ◐		よいお金の使い方を考えて、実際に試してみよう。
17 Wed.	不成就日	明るく元気に挨拶を。周りのやる気もアップ！
18 Thu.	一粒万倍日	友達に相談すると、前に進むヒントがもらえそう。
19 Fri.		外食が続いているなら、家でゆっくり夕食を。
20 Sat.		周りのサポートに感動。自信をもって突き進もう。
21 Sun.	一粒万倍日	新年度で少々スタミナ切れ。栄養あるものを食べて。
22 Mon.		先延ばしにしていたことが片づいてスッキリ。
23 Tue.		先輩から何かしてもらったら心からの感謝を示して。
24 Wed. ○		賑やかな場所に足を運ぼう。パワーをもらえるはず。
25 Thu.	不成就日	勘違いに気づいてガッカリ。あまり気にしないで。
26 Fri.		今日は早めに帰って、ゆっくり湯船に浸かろう。
27 Sat.		こだわりを捨ててみると、物事が一気に動きそう。
28 Sun.		新しいことをするときは過去の経験を活かすと◎。
29 Mon.		体調を気遣って、健康的な生活リズムを取り戻そう。
30 Tue.	一粒万倍日	再挑戦の機会が。直感に従えば達成できるはず。

●新月 ◐上弦 ○満月 ◑下弦

毎日の運気をチェック!

2024 5 May

吉凶混ざり引きが強い月

DATE			
1	Wed.		返事を急かさないで。相手のペースを尊重すること。
2	Thu.		新しい人との出会いも。関係を深めてみるのもあり。
3	Fri.	一粒万倍日 不成就日	思い切り笑える番組や動画を見て、息抜きをしよう。
4	Sat.		気持ちのズレを感じるなら、今のうちに話し合って。
5	Sun. 端午の節句		うれしいプレゼントをもらったら、素直に喜ぼう。
6	Mon.		午後からはゆっくり過ごして、明日に備えて。
7	Tue.		トラブルが起きても、落ち着いた対応で実力発揮。
8	Wed.		ラクな方を選ぶと後悔しそう。誠実に取り組もう。
9	Thu.		判断力が鈍りやすいとき。気を引き締めて行動して。
10	Fri.		いつもと違う道を歩くと、いいリフレッシュに。
11	Sat.	不成就日	あれこれ手を出すより、1つのことに集中しよう。
12	Sun.		地道に続けていたことが評価される可能性も。
13	Mon.		調子が出にくい日。こまめな休憩で気力を回復させて。
14	Tue.		ありのままの魅力が輝き、異性の注目を集めそう。
15	Wed.	一粒万倍日	無駄遣いしてしまうかも。本当に欲しいものならOK。

16 Thu.	一粒万倍日	知り合いと情報交換を。いつか役に立つはず。
17 Fri.		商品は、機能性だけでなく見た目にもこだわって。
18 Sat.		自分の好きなことをして、穏やかな休日を過ごそう。
19 Sun.	不成就日	意図せず人を傷つけそう。慎重に言葉を選んで。
20 Mon.		失敗は成功のもと。前向きでいると運気アップ。
21 Tue.		モヤモヤしたら掃除をしてみて。気持ちがスッキリ!
22 Wed.		よいアイデアが浮かんだら発信を。思わぬ展開に。
23 Thu.		目上の人に相談をすると、役立つ意見を聞けそう。
24 Fri.		決断力を発揮。イエス・ノーをはっきり示して。
25 Sat.		将来をイメージしてやるべきことに取りかかろう。
26 Sun.		運気がよい日。何事もうまくいくと信じて行動を。
27 Mon.	一粒万倍日 不成就日	面倒なことから逃げないで。自分に活を入れよう。
28 Tue.	一粒万倍日	今までの経験を活かせる日。自分を信じてみて。
29 Wed.		やってきたことの成果が出て、ほめられそう。
30 Thu.	天赦日	人気運が上昇。誘われたら顔を出してみると◎。
31 Fri.		苦手なことを克服するとき。前向きに取り組もう。

新月 上弦 満月 下弦

2024 6 June

振り返ってみる月

毎日の運気をチェック!

DATE		
1 Sat.		事前にしっかり準備しておけば、問題なく進みそう。
2 Sun.		パートナーや家族への感謝を忘れないようにして。
3 Mon.		チームで進める仕事を楽しもう。共感力がアップ。
4 Tue.	不成就日	勇気が出ないときは友達に話を聞いてもらおう。
5 Wed.		目標があるなら、実現に向けて計画を立ててみて。
6 Thu. ●		ウォーキングなどの軽い運動で心も体もスッキリ。
7 Fri.		どんなこともタイミングよく進んでラッキーな1日。
8 Sat.		ダラダラするのは×。テキパキ動けば充実した日に。
9 Sun.		知人や友達の意見を素直に聞くと、新たな発見が。
10 Mon.	一粒万倍日 不成就日	貯金や収入アップに役立つ情報をゲットできそう。
11 Tue.	一粒万倍日	早起きして朝活を。気分のいい1日になるはず。
12 Wed.		ライバルが出現。自分を磨くことに集中して。
13 Thu.		急な予定変更が。気持ちを切り替え臨機応変に楽しんで。
14 Fri. ◐		後回しはNG。面倒なことから片づけてしまおう。
15 Sat.		勘違いしてしまいそう。相手の話は最後まで聞いて。

16 Sun.		積極的になると、気になる人との関係が進展しそう。
17 Mon.		自分のことより周りの人のために動いてみると◎。
18 Tue.	不成就日	知らない間に疲れが蓄積。今日はゆっくり進めよう。
19 Wed.		アクティブになれるとき。柔軟さが開運のカギ。
20 Thu.		安いからといって衝動買いは×。一旦冷静になって。
21 Fri.		頼りになる先輩にときめいて、恋が始まる予感。
22 Sat.	一粒万倍日	臨時収入があるかも。惜しまず自己投資をしよう。
23 Sun.	一粒万倍日	お世話になった人に近況報告を。やる気がアップ。
24 Mon.		不満は表情に出さずに、淡々と対応しよう。
25 Tue.		生活リズムが乱れてお疲れ気味。こまめに休憩を。
26 Wed.	不成就日	ストレスを感じているものからは、距離を置いて。
27 Thu.		ゴールを明確にしてみよう。不安が消えていくはず。
28 Fri.		物事を客観的に見直すと、対処法が見つかるかも。
29 Sat.		今月やり残したことがあれば、集中して終わらせて。
30 Sun. 夏越の祓		メンタルが落ちているなら、1人でゆっくりしよう。

新月 上弦 満月 下弦

毎日の運気をチェック!

2024 7 July
運気が低迷する月

DATE		
1 Mon.		アイデアがどんどん湧く日。メモしておこう。
2 Tue.		不安を感じても、しつこく問い詰めない方がよさそう。
3 Wed.		無理してはダメ。体に異変を感じたら迷わず休んで。
4 Thu.	一粒万倍日 不成就日	夢があるなら諦めず、コツコツ努力を重ねること。
5 Fri.	一粒万倍日	午前中は快調。大事なことは早めに終わらせて。
6 Sat. ●		身近な人に邪魔されそう。気にせず自分に集中を。
7 Sun. 七夕		駆け引きは逆効果。好きな人の前では素直が一番。
8 Mon.	一粒万倍日	人に相談すると不安や悩みから解放されるかも。
9 Tue.		相手の話をきちんと理解すると、いい流れに。
10 Wed.		思いやりの心を大切に。自然と穏やかになれるはず。
11 Thu.	不成就日	確実に達成できそうな目標から始めてみるのがコツ。
12 Fri.		暑さがこたえて夏バテ気味。栄養のある食事をとろう。
13 Sat.		自分のミスに気づいたら意地を張らず素直に謝って。
14 Sun. ◐		甘い誘惑に負けてしまうかも。気を引き締めよう。
15 Mon.		パートナーとケンカしているなら仲直りのチャンス。

16 Tue.		順調に進んでいることでも最後まで手を抜かないで。
17 Wed.	一粒万倍日	何事も楽しめる日。丁寧な言葉遣いを心がけよう。
18 Thu.		理不尽なことが起きても、今はグッとこらえて。
19 Fri.	不成就日	あれこれやろうとすると、何も片づかない可能性が。
20 Sat.	一粒万倍日	今日は、大切な人に感謝を伝えよう。絆が深まりそう。
21 Sun.		夏ならではのイベントを、思い切り楽しむと吉。
22 Mon.		不安に駆られても、相手を信じることが大切。
23 Tue.		もう一歩上をめざしてみると、新たな気づきが。
24 Wed.		人の言葉に敏感になる日。夜は1人時間を楽しんで。
25 Thu.		きちんと意思を伝えることで、イメージアップに。
26 Fri.		おいしい話には気をつけて。ハマると失敗しそう。
27 Sat.	不成就日	協調性がカギ。周囲の人と歩幅を合わせよう。
28 Sun.		うれしい出来事が！ でも舞い上がりすぎないで。
29 Mon.	天赦日 一粒万倍日	迷っていたことに勇気を出してチャレンジしよう。
30 Tue.		問題が起きてもジタバタせず、誠心誠意対応して。
31 Wed.		状況に合わせて柔軟に行動すれば、トラブル回避。

新月 上弦 満月 下弦

2024 8 August

毎日の運気をチェック!

八方塞がりになりやすい月

DATE			
1	Thu.	一粒万倍日	問題解決には、嘘のない言動がもっとも効果的。
2	Fri.		関係を進める前に、信頼できる人に相談してみて。
3	Sat.		チャレンジするなら、もう少しタイミングを待とう。
4	Sun. ●		気になっていたことが進展しそう。流れにのって。
5	Mon.		パートナーに話を聞いてもらうと心が軽くなるはず。
6	Tue.	不成就日	変化がありそう。柔軟に考えることでトラブル回避。
7	Wed.		誘惑に負けやすい日。まっすぐ家に帰るのがベター。
8	Thu.		学生時代の友達とのおしゃべりで元気をもらえそう。
9	Fri.		おいしい食事をごちそうして、家族を喜ばせよう。
10	Sat.		すぐに結果が出なくても、粘り強く取り組んで。
11	Sun.	一粒万倍日	積極的になるより、受け身でいた方がうまくいく日。
12	Mon.	天赦日	よいお誘いがある予感。じっくり考えてみよう。
13	Tue. ◐		過去を掘り返すのは×。相手の気持ちを察して。
14	Wed.	不成就日	自由に動きたくても、周りとの協調性を大切に。
15	Thu.		苦手な人と話してみると、実はいい人だと気づけそう。

16 Fri.	一粒万倍日	自分の成長のために動き出すと大きなチャンスが。
17 Sat.		スタミナがつく食べ物で、エネルギーをチャージ。
18 Sun.		憧れの人と急接近しそう。友達から始めて。
19 Mon.		基礎は大切。正しいやり方を教えてもらおう。
20 Tue. ●		過去を非難してくる人がいてもスルーするのが正解。
21 Wed.		うっかり支払い忘れているものがないかチェックを。
22 Thu.	不成就日	サポートしてくれる人が現れて問題が解決する予感。
23 Fri.	一粒万倍日	直感を信じて発言すると、評価につながりそう。
24 Sat.		流れに逆らわず、身を任せて。いいことがあるかも。
25 Sun.		1人で抱え込まないで。打ち明ければ気がラクに。
26 Mon. ◑		アクティブに過ごすと、充実した1日になりそう。
27 Tue.		仲間とやってきたことが実になる日。お祝いを。
28 Wed.	一粒万倍日	優柔不断な態度はNG。意思はハッキリ伝えよう。
29 Thu.		今日は体調を優先し、自分を癒す時間をとって。
30 Fri.	不成就日	気になる人とはゆっくり距離を縮めて。焦るのは×。
31 Sat.		うっかり間違わないよう時間や場所は2度確認して。

●新月 ◐上弦 ●満月 ◑下弦

2024 9 September

毎日の運気をチェック!

リセットの月

DATE		
1 Sun.		諦めていたことにチャレンジするといい日。
2 Mon.		地道に頑張れば、いつか報われるときが来るはず。
3 Tue.		今日はサポート役に徹して。あなたの評価がアップ。
4 Wed.	一粒万倍日 不成就日	人に振り回されても、笑顔でいればイライラも解消。
5 Thu.		問題から逃げず、責任をもって最後まで取り組もう。
6 Fri.		周りから反対されるなら、一度見直すといいかも。
7 Sat.		年上の人の素敵な行動や言葉を真似してみると◎。
8 Sun.		些細な問題にも向き合って、1つひとつ解決しよう。
9 Mon. 重陽の節句		口は災いのもと。相手にどう伝わるか考えて発言を。
10 Tue.		物事が進まなくても焦らずに。今日はマイペースで。
11 Wed.		周りを笑顔にしたり喜ばせると、人気運が上昇。
12 Thu.	一粒万倍日 不成就日	適当な受け答えは×。余裕がなくても丁寧に対応を。
13 Fri.		異業種の友達と話すと、いい気づきをもらえそう。
14 Sat.		迷ったら、自分に本当に必要かどうかを考えて。
15 Sun.		誰かから助けを求められたら、快く手を貸すこと。

16 Mon.		寂しいからといって執着しないで、次に進もう。
17 Tue. 中秋の名月	一粒万倍日	思い切って欲を手放してみると、状況がよい方向に。
18 Wed.		大事なものを失くすかも。整理整頓をしておこう。
19 Thu.		苦手な人とも交流してみて。意外と仲良くなれそう。
20 Fri.	不成就日	立ち止まることで見逃していたものに気づけるかも。
21 Sat.		限界なら我慢しないで。関係をキッパリ断ち切ろう。
22 Sun.		疲れが出そう。遊びに出かけたくても体を休ませて。
23 Mon.		積極的に調べてみると、いい答えが見つかるはず。
24 Tue.	一粒万倍日	ポロッと出たひと言があなたの印象に。言葉を大切に。
25 Wed.		嫌なことからも逃げずに、きちんと向き合おう。
26 Thu.		お金の使い方を見直してみて。金運アップの予感。
27 Fri.		成果が出なくても、経験を次に活かせば大丈夫。
28 Sat.	不成就日	厳しい言葉でも聞き入れよう。反省が成長のカギ。
29 Sun.	一粒万倍日	1人で決めるより、誰かに相談してから判断しよう。
30 Mon.		離れていく人がいても追わないで。必要な別れかも。

新月 上弦 満月 下弦

2024 10 October 新スタートの月

毎日の運気をチェック!

DATE				
1	Tue.			イメチェンで心機一転! 明るい気持ちになれそう。
2	Wed.			根を詰めすぎずに、ストレッチで身体をほぐして。
3	Thu.	●	不成就日	めげずに取り組んでいけば、実力になっていくはず。
4	Fri.			早寝早起きや質のいい睡眠を心がけて健康をキープ。
5	Sat.			アンテナを張って、最新の情報をゲットすると吉。
6	Sun.		一粒万倍日	今日は自分が話すより、聞き上手をめざそう。
7	Mon.			今までできなかったことに挑戦するといい結果に。
8	Tue.			貯金を始めてみて。小さな金額でもコツコツと。
9	Wed.		一粒万倍日	素敵な人に出会えそう。自分からアプローチを。
10	Thu.			情報を鵜呑みにしてはダメ。慎重すぎるくらいが◎。
11	Fri.	◐	天赦日 不成就日	実際に行動するより、計画や準備に時間を使うとき。
12	Sat.		一粒万倍日	完璧な人はいないもの。相手に求めすぎないで。
13	Sun.			気になっていたことを始めると、運気がアップ。
14	Mon.			好奇心の赴くまま、フットワーク軽く行動しよう。
15	Tue.			これまで悩んでいたことに、思い切って決断を!

16 Wed.		体がついてこないかも。こまめに休憩を挟んで。
17 Thu.		今日出会う人の中にキーパーソンが。縁を大事に。
18 Fri.		やるべきことがたくさん。優先度を決めてかかろう。
19 Sat.	不成就日	学生時代の夢は？ 思い出せば、再びやる気が出そう。
20 Sun.		後輩にごちそうしてみよう。もっとよい関係性に。
21 Mon.	一粒万倍日	片想いの人に、自分の魅力をアピールしてみて。
22 Tue.		注目を集めそう。TPO に合ったコーデを選んで。
23 Wed.		目上の人からの指摘は、素直に聞くようにしよう。
24 Thu.	一粒万倍日	先延ばしにしていたことを一気に片付けるチャンス。
25 Fri.		休憩時間に軽くお散歩。深呼吸をして心を整えて。
26 Sat.		目標を決めて、スタートを切るのにおすすめな日。
27 Sun.	不成就日	家族と過ごそう。愛情を再確認できて絆が深まりそう。
28 Mon.		問題には首を突っ込まずに、そばで見守って。
29 Tue.		初対面の人にも笑顔で挨拶。よい関係が築けそう。
30 Wed.		誘惑が多い日。悪い予感がしたら踏み込まないで。
31 Thu.		思い出の写真を見返して。連絡するべき人がいるかも。

新月 上弦 満月 下弦

2024 11 *November*

毎日の運気をチェック！

物事を見直す月

DATE			
1	Fri.		人に親切にされたら、それ以上に誰かに優しくして。
2	Sat.	一粒万倍日	応援してくれる人に、感謝の気持ちを伝えよう。
3	Sun.		面倒なことや厄介なことが起きても丁寧に対応を。
4	Mon.	不成就日	人の文句を言う前に、自分のことを見直そう。
5 一の酉	Tue.	一粒万倍日	後回しにしていたことに、きちんと向き合える日。
6	Wed.		ネットや雑誌で情報をチェックし、感性を磨いて。
7	Thu.		交流を広げてみよう。後でチャンスにつながるかも。
8	Fri.		パートナーを親に紹介してみて。応援してくれそう。
9	Sat.		疲れが溜まっていそう。デートはおうちでまったり。
10	Sun.		周りから応援される日。自信をもって前に進めそう。
11	Mon.		うっかり失言をしやすいとき。発言は慎重に。
12	Tue.	不成就日	昔のメモの中に、いいアイデアが眠っているかも。
13	Wed.		頑張っている自分にご褒美を。少し奮発しても◎。
14	Thu.		素直な心で物事を見返すと、解決策が見えてきそう。
15	Fri.		嫌なことを言われても、反論せずに流した方が勝ち。

16 Sat. ○		思うような結果が出なくても経験が財産だと心得て。
17 Sun. 二の酉	一粒万倍日	気まずい雰囲気から脱却できる日。自分から謝ろう。
18 Mon.	一粒万倍日	環境の変化が開運のカギ。まずは情報を取り入れて。
19 Tue.		人のために動こう。逆に自分が満たされるかも。
20 Wed.	不成就日	年内の目標を考えてみよう。やり残しのないように。
21 Thu.		ゆとりあるスケジュールを組むと、順調に進むはず。
22 Fri.		親しみやすさが武器に。自然と人が集まってきそう。
23 Sat. ◑		正論も大事だけど、相手の意見も聞いてみて。
24 Sun.		昔の友達に連絡を。今の自分を客観的に見られるかも。
25 Mon.		自分磨きにお金を使うと後で大きな実りになりそう。
26 Tue.		後輩の成長が刺激に。いい先輩でいる努力を。
27 Wed.		人間関係で疲れるかも。1人で過ごすのがベター。
28 Thu.	不成就日	失敗したとしても、その原因を探って次に活かそう。
29 Fri. 三の酉	一粒万倍日	デスク周りのいらない物は処分を。効率がアップ。
30 Sat.	一粒万倍日	情報収集力を発揮して、年末のご褒美を考えよう。

●新月 ◐上弦 ○満月 ◑下弦

2024 12 December 決断する月

毎日の運気をチェック！

DATE		
1 Sun.		苦手な人のプラス面を見て。関係性がよくなるかも。
2 Mon.		意思が固まったのなら、相手に気持ちを伝えよう。
3 Tue.		スープやホットドリンクを飲んで、体の芯から温めて。
4 Wed.		これまでの経験や知識を活かせば、うれしい結果に！
5 Thu.	不成就日	ケガやミスをしないように、慎重に行動して。
6 Fri.		幼なじみと再会。頑張る姿に刺激をもらえそう。
7 Sat.		お世話になった人に向けて贈り物の準備をしよう。
8 Sun.		順調だとしても、気になることは解決しておくこと。
9 Mon.		周りを頼らず、自分で対処する覚悟をもとう。
10 Tue.		出しゃばるより、控えめな姿勢を心がけると吉。
11 Wed.		忙しさで目が回りそう。1つひとつ着実にこなそう。
12 Thu.		やりたかったことがあるなら思い切ってチャレンジ。
13 Fri.	一粒万倍日 不成就日	ネットや雑誌で情報収集。いいお店を発見できそう。
14 Sat.	一粒万倍日	来年の目標を決め、周りに宣言してみよう。
15 Sun.		年末を乗り切るためにも、今日は休んで疲労回復。

16 Mon.		話題のスポットへ。素敵な出会いの可能性も。
17 Tue.		集中力が切れやすい日。こまめに気分転換をしよう。
18 Wed.		今年の写真を見返そう。自分の成長を感じるはず。
19 Thu.		うれしい出来事があるかも。喜びは素直に表現して。
20 Fri.		今月の出会いは大切に。ご縁が長く続くかも。
21 Sat. 冬至	不成就日	運の波にのるためにも、一度決めたら変えないこと。
22 Sun.		自分のことを振り返り、直すべきところは反省して。
23 Mon. ◑		借りているものがあるなら、今日中に返却を。
24 Tue.		パートナーと将来の話をしよう。次に進める予感。
25 Wed.	一粒万倍日	即実行を意識すれば、いい流れになりそう。
26 Thu.	天赦日 一粒万倍日	憧れの人からうれしいお誘いが。迷わず飛び込んで。
27 Fri.		美肌維持のためにも、ビタミンをたっぷり補給して。
28 Sat.		友達と忘年会。楽しい企画で思い切り盛り上がろう。
29 Sun.	不成就日	疲れを感じるなら休んで。足腰を温めるといいかも。
30 Mon.		年末の挨拶をしそびれた人に連絡をしておこう。
31 Tue. ● 大晦日		思い切って贅沢を。1年の締めくくりは感謝の心で。

● 新月 ◐ 上弦 ● 満月 ◑ 下弦

OTHER PROFILE

他の天星のプロフィール

天星は全部で12タイプ。
自分以外の天星についても知って、
人付き合いに役立ててくださいね。

Profile

載っていること

基本性格

各天星のトリセツ

2024年の開運のカギ

開運色・アイテム・スポット

2024年の開運相性

その星から見た基本の相性

MOON

柔らかな愛と
“繊細な光のエネルギー”をもつ

月
グループ

バランス感覚と
“自然な光のエネルギー”をもつ

地球
グループ

EARTH

秘めたパワーと
“情熱の光のエネルギー”をもつ

太陽
グループ

SUN

満月

情にあふれたロマンチスト

基本性格

想像力が豊かで温かい心をもったロマンチストな反面、冷静で現実主義的に考える面ももち合わせているタイプ。周囲の人を気遣い、困っている人を放っておけない優しさがあるため、知らないうちに気疲れしてしまいがちです。安心してのんびりできる居場所を用意して、自分を癒すことも大切に。

満月のトリセツ

⬆好きなこと・喜ぶこと

- 温泉にゆったり浸かる
- サプライズ（する、される）
- 喜んでくれる人、素直な人
- 好きなだけ寝ること
- 趣味や遊びの共有
- 優しい言葉をかけられる

⬇嫌がること・ストレスになること

- 余裕がない状況
- 不安や心配を抱え込む
- 競争、戦い
- 無視や仲間はずれ
- 威圧的な態度
- 否定的な人、無神経な人

2024年の開運のカギ

やるといいこと	生活に運動や筋トレを取り入れる
気をつけるべきこと	オン・オフの切り替え、自律神経を整える

2024年の開運相性

恋愛運を上げる天星	仕事運をのばす天星	金運をのばす天星
満月 × **上弦の月**	満月 × **満月**	満月 × **夕焼け**

基本の
開運色
紫

2024年の
開運色
**ミント
グリーン**

2024年の
開運アイテム
**手帳型
スマホケース**

2024年の
開運スポット
**フラワー
パーク**

天星タイプ別 基本の相性

組み合わせ	相性
満月 × 満月	★★★★★
満月 × 上弦の月	★★★★★
満月 × 下弦の月	★★★★☆
満月 × 新月	★★★★☆
満月 × 空	★★★☆☆
満月 × 山脈	★★★☆☆
満月 × 大陸	★★★☆☆
満月 × 海	★☆☆☆☆
満月 × 朝日	★★☆☆☆
満月 × 真昼	★★★★☆
満月 × 夕焼け	★★★★☆
満月 × 深夜	★☆☆☆☆

上弦の月

無邪気で警戒心の強い癒し系

基本性格

美的感覚が鋭く、慎重そうに見えて直感型のタイプ。警戒心は強いですが根が純粋なので、いい人だなと感じるとすぐ信じてしまうことも。仲がいいと無意識のうちにわがままになりやすく、愛が感じられないと不安定になる一面も。自分を認めてくれ、安らぎをくれる人といることが開運につながります。

上弦の月のトリセツ

⬆好きなこと・喜ぶこと

- 好きな人と過ごすこと
- 優しく気遣われること
- お姫様、王子様扱い
- 安心できる場所や人
- すぐ返信、すぐ対応
- 親しい人との飲み

⬇嫌がること・ストレスになること

- 放置される、既読スルー
- 頑張りを評価されないこと
- 人と比べられること
- 突然のお誘い
- アウェイな場所
- 思い通りにいかない環境

2024年の開運のカギ

やるといいこと 好きなことに没頭する

気をつけるべきこと 胃の不調。休息をしっかりとる

2024年の開運相性

恋愛運を上げる天星	仕事運をのばす天星	金運をのばす天星
上弦の月 × 満月	上弦の月 × 真昼	上弦の月 × 空

基本の開運色
白

2024年の開運色
トマトレッド

2024年の開運アイテム
パワーストーン

2024年の開運スポット
水がキレイな場所

天星タイプ別 基本の相性

組み合わせ	相性	組み合わせ	相性
上弦の月 × 満月	★★★★★	上弦の月 × 大陸	★★★☆☆
上弦の月 × 上弦の月	★★★★☆	上弦の月 × 海	★★★★☆
上弦の月 × 下弦の月	★☆☆☆☆	上弦の月 × 朝日	★★★★☆
上弦の月 × 新月	★★☆☆☆	上弦の月 × 真昼	★★★★☆
上弦の月 × 空	★★☆☆☆	上弦の月 × 夕焼け	★★★★☆
上弦の月 × 山脈	★★☆☆☆	上弦の月 × 深夜	★★☆☆☆

下弦の月

ノリで勝負な愛嬌の達人

基本性格

好奇心旺盛で大器晩成型の気質をもち、出世するタイプ。仲よくなると気さくで、興味があることであれば臨機応変に対応できるなど順応性は高め。ただし飽きっぽくて集中力のないところがあり、興味のない話は聞いている風。根は明るく少し抜けている天然タイプですが、そこが大きな魅力です。

下弦の月のトリセツ

⬆好きなこと・喜ぶこと

- 好きな人たちからの応援
- 家族にほめられること
- 可能性を広げてくれる人
- 無添加や体によいもの
- 一流に触れること
- 自分を尊重してくれる人

⬇嫌がること・ストレスになること

- 否定されること
- 間違いを正されること
- 忘れないでと強制される
- 孤独感
- 「好き」を共感されない
- 責任を問われること

2024年の開運のカギ

やるといいこと	責任をもって何事も最後までやり抜く
気をつけるべきこと	キツイ口調や上辺だけの返事

2024年の開運相性

恋愛運を上げる天星	仕事運をのばす天星	金運をのばす天星
下弦の月 × **空**	下弦の月 × **大陸**	下弦の月 × **真昼**

基本の開運色
黄色

2024年の開運色
ピンクベージュ

2024年の開運アイテム
財布

2024年の開運スポット
神社仏閣

天星タイプ別 基本の相性

下弦の月 × 満月 ★★☆☆☆	下弦の月 × 大陸 ★★★★★
下弦の月 × 上弦の月 ★★★★☆	下弦の月 × 海 ★★★★☆
下弦の月 × 下弦の月 ★★★☆☆	下弦の月 × 朝日 ★☆☆☆☆
下弦の月 × 新月 ★☆☆☆☆	下弦の月 × 真昼 ★★★☆☆
下弦の月 × 空 ★★★★☆	下弦の月 × 夕焼け ★★★★☆
下弦の月 × 山脈 ★★★☆☆	下弦の月 × 深夜 ★★★★★

新月

想像力が豊かな寂しがり屋

基本性格

想像力が豊かでクリエイティブな発想に優れています。芸術的センスも抜群。本心を隠す傾向があり、警戒心が強い反面、本質は寂しがり屋です。心を許せる相手には本当の自分をさらけ出すことができます。自分の信念をもち、知識や能力を高めることに集中するといい方向にいくでしょう。

新月のトリセツ

⬆好きなこと・喜ぶこと

・マメな連絡、情報の共有	・記念日を大切にすること
・真剣な話し合い	・気にかけてくれる人
・好きなものを写真に収める	・自分の考えに寄り添う人

⬇嫌がること・ストレスになること

・いい加減な態度	・既読スルー
・苦しみを分かち合えない	・場を乱す人
・SOSを見過ごされる	・ひとりぼっちにされる

2024年の開運のカギ

やるといいこと	感動体験やワクワクすることをしてみる
気をつけるべきこと	自信をなくさない

2024年の開運相性

恋愛運を上げる天星	仕事運をのばす天星	金運をのばす天星
新月×深夜	新月×夕焼け	新月×朝日

基本の開運色	銀色
2024年の開運色	エメラルドグリーン
2024年の開運アイテム	ピンキーリング
2024年の開運スポット	星空がキレイな場所

天星タイプ別 基本の相性

新月×満月	★★★★☆
新月×上弦の月	★★★★☆
新月×下弦の月	★★☆☆☆
新月×新月	★☆☆☆☆
新月×空	★★★★☆
新月×山脈	★★☆☆☆
新月×大陸	★★★☆☆
新月×海	★★★★☆
新月×朝日	★★★★★
新月×真昼	★★★★☆
新月×夕焼け	★☆☆☆☆
新月×深夜	★★★★☆

空

包容力豊かな頑張り屋さん

基本性格

面白そうなことが大好きで、寛大な心のもち主。面倒見がよく困っている人を放っておけず、つい張り切ってしまうタイプ。自分に自信がないため人と比べ落ち込むと愚痴が多めに。どこか抜けていてツメが甘い面がある一方、仕事と恋愛の両立も得意な頼れるマルチプレーヤー。見栄っ張りで身内に冷たくなる傾向も。

空のトリセツ

⬆好きなこと・喜ぶこと

- いきつけの場所に行く
- 手土産（もらう、あげる）
- 気の合う人と食事＆談笑
- 自慢できる環境
- 満足感がある買い物
- お茶の時間

⬇嫌がること・ストレスになること

- 注意されること
- プライドを傷つけられる
- 仕事を邪魔される
- 異性関係に口出しされる
- すぐに対応しない人
- 待たされること

2024年の開運のカギ

やるといいこと　食のバランスを大切にし、欲を制御

気をつけるべきこと　体の不調のサインを見過ごさない

2024年の開運相性

恋愛運を上げる天星	仕事運をのばす天星	金運をのばす天星
空×下弦の月	空×朝日	空×上弦の月

基本の開運色	2024年の開運色	2024年の開運アイテム	2024年の開運スポット
水色	白	キーケース	レトロな喫茶店

天星タイプ別 基本の相性

組み合わせ	相性	組み合わせ	相性
空×満月	★★★☆☆	空×大陸	★★☆☆☆
空×上弦の月	★★★★☆	空×海	★★★★☆
空×下弦の月	★★★★☆	空×朝日	★★☆☆☆
空×新月	★★☆☆☆	空×真昼	★★★★☆
空×空	★★★★★	空×夕焼け	★★☆☆☆
空×山脈	★★★★☆	空×深夜	★★★★★

★山脈★

平和主義なお茶目さん

基本性格

1つひとつ着実に自信をつけ、協調性を重んじる安定志向タイプ。興味をもてない人付き合いは面倒に思いがちですが、周りを和ませる愛嬌があり、実は幅広い交友関係を築ける社交性を隠しもっています。ドライなリアリストで論理的な面も。ほめられたり、認められることで大きく成長します。

山脈のトリセツ

⬆好きなこと・喜ぶこと

- 自然なほめまくり攻撃
- 自分の目標をクリア!
- 自分のペースで進行
- お得を感じること
- 趣味に没頭できること
- レアな物、価値がある物

⬇嫌がること・ストレスになること

- 面倒くさいこと
- 自分に無関係な話
- 効率が悪いこと
- タスクが終わらない状況
- 騒がしい場所や大きな音
- 非常識なこと

2024年の開運のカギ

やるといいこと	1人の時間やリフレッシュを大切に
気をつけるべきこと	自分にも人にも厳しくしない

2024年の開運相性

恋愛運を上げる天星	仕事運をのばす天星	金運をのばす天星
山脈×**海**	山脈×**山脈**	山脈×**大陸**

基本の開運色
緑

2024年の開運色
黄色

2024年の開運アイテム
トートバッグ

2024年の開運スポット
緑が多く静かな場所

天星タイプ別 基本の相性

山脈×満月	★★★☆☆	山脈×大陸	★★☆☆☆
山脈×上弦の月	★★☆☆☆	山脈×海	★★★☆☆
山脈×下弦の月	★★★★★	山脈×朝日	★★★★☆
山脈×新月	★☆☆☆☆	山脈×真昼	★☆☆☆☆
山脈×空	★★★★☆	山脈×夕焼け	★★★☆☆
山脈×山脈	★★★★☆	山脈×深夜	★★★☆☆

★大陸★

冷静沈着な感性先取りタイプ

CHARACTER KEYWORD

- 好き嫌いがハッキリの星
- おしゃれの星
- プライド高めの星
- 顔に出やすい星
- マイペースな自信家の星

基本性格

才能豊かで独自のセンスのもち主。穏やかに見えて正義感が強く、決断が早く勝気なところも。情にもろく義理堅い面もあり、一旦やると決めたらやり抜く責任感の強い人です。実は慎重で小心者なので無意識のうちに自分を守ろうとしますが、親しい人の間では可愛いムードメーカーになるタイプです。

大陸のトリセツ

⬆好きなこと・喜ぶこと

- 憧れ、尊敬されること
- 成功すること
- すべて把握できる環境
- 自分が1番の状況
- 時間配分通りに進むこと
- ストレス解消の買い物

⬇嫌がること・ストレスになること

- バカにされること
- 口だけの人
- 手柄を奪われること
- 自分から折れること
- 弱い面を見破られること
- 服装やセンスへの口出し

2024年の開運のカギ

やるといいこと	“笑い”を大切にしてみる
気をつけるべきこと	すべて1人で抱え込まない

2024年の開運相性

恋愛運を上げる天星	仕事運をのばす天星	金運をのばす天星
大陸×夕焼け	大陸×下弦の月	大陸×山脈

基本の開運色	赤
2024年の開運色	シルバー
2024年の開運アイテム	ネイル ハンドクリーム
2024年の開運スポット	湧き水がおいしい所

天星タイプ別 基本の相性

大陸×満月	★★★☆☆	大陸×大陸	★★★☆☆
大陸×上弦の月	★★★★☆	大陸×海	★★★★☆
大陸×下弦の月	★★★☆☆	大陸×朝日	★★★★★
大陸×新月	★★☆☆☆	大陸×真昼	★☆☆☆☆
大陸×空	★★★★☆	大陸×夕焼け	★★★★☆
大陸×山脈	★★☆☆☆	大陸×深夜	★★★☆☆

★海★

二面性を隠しもった完璧主義者

基本性格

広く穏やかな海のように優しい雰囲気をもつ反面、完璧主義で深い海のように底知れぬ野心を隠しもっているタイプ。奥深くには、自分を守る強力な保護があり、自分軸が強め。人を信用するまで時間がかかります。自分でも自覚できていない思い込みや思考の癖をもつ実は頑固な人。本音を語らず、少々ドライな一面もあります。

海のトリセツ

⬆好きなこと・喜ぶこと

- 特別扱いされること
- 若く見られほめられること
- 丁寧にお礼を言われる
- ツボを押さえたほめ言葉
- 理解してもらえること
- 秘密を共有した優位な状況

⬇嫌がること・ストレスになること

- 自分のルールを変えること
- 人前で怒られること
- 自分をさらけ出すこと
- 短所を指摘してくる人
- 土足で踏み込まれること
- 思い通りにならないこと

2024年の開運のカギ

やるといいこと	謙虚な気持ちで心からの感謝をする
気をつけるべきこと	自分の固定観念に捉われない

2024年の開運相性

恋愛運を上げる天星	仕事運をのばす天星	金運をのばす天星
海×真昼	海×深夜	海×朝日

基本の開運色
青

2024年の開運色
オレンジ

2024年の開運アイテム
ゴールドピアス イヤリング

2024年の開運スポット
動物がいる場所

天星タイプ別 基本の相性

海×満月 ★★☆☆☆	海×大陸 ★★★☆☆
海×上弦の月 ★☆☆☆☆	海×海 ★☆☆☆☆
海×下弦の月 ★★★☆☆	海×朝日 ★★★☆☆
海×新月 ★★☆☆☆	海×真昼 ★★★☆☆
海×空 ★★★★☆	海×夕焼け ★☆☆☆☆
海×山脈 ★★★★☆	海×深夜 ★★★★★

朝日

自由気ままな気分屋さん

基本性格

マイペースで冒険心旺盛、楽しいことが大好き。実は人見知りですが、趣味やノリが同じ人とはすぐに仲よくなれます。根は無邪気で、意外に単純。枠にはまらず自由に生きたいという願望も。飽きっぽいですが、気分がのれば驚くほどの行動力を発揮し、周りを驚かせることもあります。

朝日のトリセツ

⬆好きなこと・喜ぶこと

- 自由な自分の時間
- 好きなことをやれる環境
- 優位に立てる状況
- 尊敬されること
- ゲームや漫画タイム
- 趣味やノリが同じこと

⬇嫌がること・ストレスになること

- 強制されること
- ルールを無視する人
- 細かい指示や確認作業
- 自分の時間を邪魔する人
- 比べられたりバカにされる
- 逃げ場がないこと

2024年の開運のカギ

やるといいこと	スマホより目の前の相手を大切に
気をつけるべきこと	ケガ。損得勘定で物事を決めない

2024年の開運相性

恋愛運を上げる天星	仕事運をのばす天星	金運をのばす天星
朝日 × 山脈	朝日 × 空	朝日 × 新月

基本の開運色
蛍光色

2024年の開運色
ゴールド

2024年の開運アイテム
帽子

2024年の開運スポット
歴史を感じる場所

天星タイプ別 基本の相性

朝日 × 満月 ★★☆☆☆	朝日 × 大陸 ★★★★★
朝日 × 上弦の月 ★★★★☆	朝日 × 海 ★★★☆☆
朝日 × 下弦の月 ★☆☆☆☆	朝日 × 朝日 ★★★★☆
朝日 × 新月 ★★★★☆	朝日 × 真昼 ★★★★☆
朝日 × 空 ★☆☆☆☆	朝日 × 夕焼け ★★☆☆☆
朝日 × 山脈 ★★★★☆	朝日 × 深夜 ★★☆☆☆

★真昼★

自由主義な行動派

基本性格

穏やかそうに見えますが、物事を先取りする直感やスピード感があり、考えるより先に行動する人。好き嫌いをハッキリと主張し、何事にも直球で短期決戦を好みます。いったん相手を信頼すると急激に距離を縮め、友達の輪をどんどん広げるなど、人との縁で自分を発展させられるタイプです。

真昼のトリセツ

⬆好きなこと・喜ぶこと

- 冒険や海外旅行
- 「さすが!」という言葉
- ベタなセリフ
- 自分に従ってくれる
- 高級品やブランド
- 努力する自分

⬇嫌がること・ストレスになること

- 自分のペースを崩される
- 待たされること
- 長期戦
- 優柔不断な人
- 細かく聞いてくる人
- 予定を把握されること

2024年の開運のカギ

やるといいこと	日常に運動を取り入れた健康な体づくり
気をつけるべきこと	感情的にならない。戦わない

2024年の開運相性

恋愛運を上げる天星	仕事運をのばす天星	金運をのばす天星
真昼×海	真昼×上弦の月	真昼×下弦の月

基本の開運色
橙色

2024年の開運色
茶色

2024年の開運アイテム
メガネ サングラス

2024年の開運スポット
鳥の鳴き声が聞こえる場所

天星タイプ別 基本の相性

真昼×満月 ★★☆☆☆	真昼×大陸 ★★☆☆☆
真昼×上弦の月 ★★★★☆	真昼×海 ★★★☆☆
真昼×下弦の月 ★★★☆☆	真昼×朝日 ★★★★☆
真昼×新月 ★★★☆☆	真昼×真昼 ★☆☆☆☆
真昼×空 ★★★★★	真昼×夕焼け ★★☆☆☆
真昼×山脈 ★★★★☆	真昼×深夜 ★★☆☆☆

夕焼け

悠然としている頑張り屋さん

基本性格

強い信念をもち、一度目標を決めると秘めたパワーで突き進み、頑張る姿を人に見せたがらない、コツコツマイペースな陰の努力家です。壁があるように見えますが、意外と単純。要領がよく、根拠のない自信をもち合わせています。思考は論理的。実は打たれ弱く、少し短気な面も。好き嫌いがわかりやすい人です。

夕焼けのトリセツ

⬆好きなこと・喜ぶこと

- 包容力のある人に包まれる
- 得意なことをほめられる
- 過去の栄光への称賛
- 自分を好きな仲間といる
- 刺激を得ること
- マッサージ

⬇嫌がること・ストレスになること

- バカにされること
- 高圧的な態度や発言
- 自分を否定する人
- 不安にさせる言葉
- パーソナルスペースに入られること
- ダメ出し

2024年の開運のカギ

やるといいこと	家の中を整理し居心地のよい空間に
気をつけるべきこと	連絡は即レスを心がけ、溜めない

2024年の開運相性

恋愛運を上げる天星	仕事運をのばす天星	金運をのばす天星
夕焼け × 大陸	夕焼け × 新月	夕焼け × 満月

基本の開運色
桜色

2024年の開運色
紫

2024年の開運アイテム
お香

2024年の開運スポット
懐かしさを感じる場所

天星タイプ別 基本の相性

夕焼け × 満月 ★★★☆☆	夕焼け × 大陸 ★★★★☆
夕焼け × 上弦の月 ★★☆☆☆	夕焼け × 海 ★★★★☆
夕焼け × 下弦の月 ★★★☆☆	夕焼け × 朝日 ★★☆☆☆
夕焼け × 新月 ★☆☆☆☆	夕焼け × 真昼 ★★☆☆☆
夕焼け × 空 ★★☆☆☆	夕焼け × 夕焼け ★★★★☆
夕焼け × 山脈 ★★★★☆	夕焼け × 深夜 ★★★★★

★★★天星別 特徴

RANKING

誘惑に弱い天星ベスト3

★1位★

空

誘惑したりされたり、流されやすく、ミーハー気質で、欲に負けやすい傾向あり。

★2位★

大陸

情にもろく、押しにも弱め。基本的には好きな人としか一緒にいたくないタイプ。

★3位★

上弦の月・山脈

錯覚が入りやすく騙されやすい上弦の月と、楽しくなるとワクワクが止められない山脈。

考えすぎてしまう天星ベスト3

★1位★

満月

自分に自信がなく、実は気にしい。大丈夫かどうか些細な言動に敏感に反応し、スローダウン。

★2位★

上弦の月

一度気になると、解決するまでモヤモヤ考え、こんがらがって、我慢しすぎて体調ダウン。

★3位★

新月・真昼・深夜

妄想モードで心が弱りやすい新月。考える方向がズレやすい真昼。生きづらさを感じる深夜。

ケチな天星ベスト3

★1位★

山脈

節約家で貯金が趣味。人にはお金を使いたくないが、自分の欲しいものには投資。

★2位★

深夜

合理性を考えて基本ワリカン。誰かのために使う概念はないが、自分に利があるなら惜しみなく使う。

★3位★

夕焼け

お金には細かく現実的。損得勘定が敏感に働く。自分のためだと金銭感覚が疎くなりがち。

ランキング ★★★

人を信用しない天星ベスト3

★1位★
海
基本的に自分を守る。人は全員嘘つき、裏切ると過去の経験から決めつけていて、警戒している。

★2位★
新月
直感でピンとこなければ心を開かない。相手を警戒し、いろんな角度から探る。会話する時間次第。

★3位★
下弦の月・大陸
どちらも人は好き。上辺を合わせじっくり吟味する下弦の月。熱く語り価値観の一致で深まる大陸。

不安にさせてはいけない天星ベスト3

★1位★
新月
ネガティブスイッチあり。実はカマチョさんタイプ。何もかも嫌になると、殻に閉じこもる傾向が。

★2位★
夕焼け
強がっていても実は心配性。常に不安あり。空回りすると余裕がなくなり不満爆発。

★3位★
上弦の月・下弦の月
安心しないと落ち着かない上弦の月。不安から不満になりシャットダウンして逃げたくなる下弦の月。

見栄っ張りな天星ベスト3

★1位★
朝日
ついつい大人のふりをしてカッコつけがち。余裕がなくても後輩には自分のおかげだと演出。

★2位★
空
自分をよく見せるために無意識に取り繕ってしまい、持ち物や人脈でもちょっと自慢しがち。

★3位★
下弦の月・真昼
憧れられたい下弦の月、先取りしすぎな真昼、どちらも高級や一流といったステータスに弱め。

EPILOGUE

★ おわりに ★

最後まで読んでいただき、ありがとうございます。

今年、今月、今日
“今”がどんな流れ《リズム》なのかを描いた

—天星術第四ステージ—
『星ひとみの天星術2024』いかがでしたでしょうか。

天星、天星ナンバー、様々な性質
沢山の星と、光と影。

本書を通じて、今この瞬間を知る。

自分の知らない側面に気づいたならば
すべてはチャンスに変わります。

『運命は変えられる』
私はそう信じています。

今の自分はどんな流れにあるのか
今は何をするのがベストなのか。

「天星術」を知り、運気のリズムに乗れば、あなたが描いた未来に
たくさんの笑顔が舞い込んできます。

2024年という1年、そしてこの1日を、
どう過ごしていこうかと悩んだとき、
迷ったときに、そっと開き参考にしてみてください。

「天星術占い、それは人生の道しるべ」

影の時期でも大丈夫。
決して怖がらず、
間違えたっていいんです。
間違えたからこそ見える世界もある。

雨が降るなら傘を持って
雪が降るなら装備ができる
あなたの歩む道のり
どんな地図も描いてゆけます。

今年1年の
あなたの人生に訪れる“光と影”。
本書から読みとり、どう感じ、どう捉えるか。

どんな瞬間も、
たとえ今見える景色がどんな世界でも、
あなたが生きているこの1秒は
これからの人生で一度しか見られない景色となる。

EPILOGUE

運気は、世界は、刻々と変わっていきます。
限られた生命、限られた時間。

あなたは
誰と過ごしたいですか？
何をしたいですか？

できることならば、皆様一人ひとりにお会いしたい気持ちですが
私が今、皆様のためにできることは何か
できる限りのエネルギーを皆様に届けられるように

たくさんの方々に光が届くように願いを込め、
各天星、天星ナンバーごと、赤白と一人ひとりの皆様に、
さらに深く届くよう、
細かく書かせていただきました。

本書を通じて、少しでも皆様の
お手伝いができたのなら幸いです。

ゆっくり深呼吸し
心を落ち着かせて。

小さな光を感じられるように
今あるすべてに感謝を。

あなたは幸せになれる人。

2024年

もう一度自分を信じ
もう一度幸せの選択を。

「天星術」

いつも心のそばに。
今年もあなたのお守りに。

皆様が少しでも素晴らしい1年を送れるよう
お祈りいたします。

あなたは“大丈夫”

それではまたお会いしましょう。

2023年 10月吉日　星ひとみ

STAFF

編集協力

高橋尚子

［KWC］

安井桃子、杉本真理、長谷和希子、

阿部雅美、梶原知恵、西島 恵

アートディレクション

松浦周作

[mashroom design]

ブックデザイン

石澤 縁

[mashroom design]

イラスト

miya

企画協力

中込圭介

［Gオフィス］

Star Eyes

本書カレンダー記載の祝日・休日は2023年10月現在のものです。
法律の改正等により変更になる場合があります。

PROFILE

星ひとみ

（ほし・ひとみ）

占い師。巫女の血筋をもつ家系に生まれる。東洋占星術や統計学、心理学などをもとにしたオリジナル運勢鑑定法「天星術」の開祖である。生まれながらの力と経験による知識から導き出す鑑定は圧倒的な的中率で人気を集め、各界に多くのファンをもつ。著書に『星ひとみの天星術』（小社）、『星ひとみの天星術超図鑑』『運気を金にする　幸せ上手さん習慣GOLD』（ともに小学館）などがある。

星ひとみオフィシャルブログ「Star Eye's」

星ひとみInstagram

@hoshi_hitomi722

星ひとみ事務局Instagram

@hoshi_hitomi_staff

StarEyes×YAMASAN

星ひとみの天星術2024
深夜〈太陽グループ〉

2023年10月25日　第1刷発行

著者　星ひとみ

発行人　見城 徹

編集人　菊地朱雅子

編集者　有馬大樹　三宅花奈　茂木 梓

発行所　株式会社 幻冬舎
〒151-0051
東京都渋谷区千駄ヶ谷4-9-7
電話 03(5411)6211［編集］
03(5411)6222［営業］

公式HP https://www.gentosha.co.jp/

印刷・製本所　中央精版印刷株式会社

ISBN978-4-344-04183-7 C0095

この本に関するご意見・ご感想は、
下記アンケートフォームからお寄せください。
https://www.gentosha.co.jp/e/